KB057489

상대를 움직이는 말,

나를 바꾸는 생각

삶을 업그레이드 하는 언어 사용법

상대를 움직이는 말

나를 바꾸는 생각

미우라 타카히로 지음 ★ 김영혜 옮김

시그마북스
Sigma Books

상대를 움직이는 말, 나를 바꾸는 생각

발행일 2022년 12월 1일 초판 1쇄 발행
지은이 미우라 타카히로
옮긴이 김영혜
발행인 강학경
발행처 시그마북스
마케팅 정제용
에디터 최연정, 최윤정
디자인 강경희, 김문배

등록번호 제10-965호
주소 서울특별시 영등포구 양평로 22길 21 선유도코오롱디지털타워 A402호
전자우편 sigmabooks@spress.co.kr
홈페이지 http://www.sigmabooks.co.kr
전화 (02) 2062-5288~9
팩시밀리 (02) 323-4197
ISBN 979-11-6862-077-3 (03320)

GENGOKARYOKU

Copyright ⓒ 2020 by Takahiro Miura

All rights reserved.

Original Japanese edition published by SB Creative Corp.

Korean translation rights ⓒ 2020 by Sigma Books

Korean translation rights arranged with SB Creative Corp., Tokyo

through EntersKorea Co., Ltd. Seoul, Korea

이 책의 한국어판 저작권은 ㈜엔터스코리아를 통해 저작권자와 독점 계약한 **시그마북스**에 있습니다.
저작권법에 의하여 한국 내에서 보호를 받는 저작물이므로 무단전재와 무단복제를 금합니다.

파본은 구매하신 서점에서 교환해드립니다.

* **시그마북스**는 ㈜시그마프레스의 단행본 브랜드입니다.

* 이 책에 표기된 원화는 편의상 엔화에서 10을 곱한 것입니다.

이미 여러 번 들은 이야기일 수도 있지만, 시대는 변했다. 아니, 계속 변화하고 있다.

무엇을 배워야 할지, 어디에 가야 할지, 이직 또는 부업, 독립 또는 성장 중 무엇을 택할지, 나를 어떻게 활용하면 좋을지, 무엇에 의지해야 할지 고민하는 사람도 많을 것이다.

이런 시기에 나의 길을 개척하기 위한 도구가 있다. 그것은 두꺼운 커리어 가이드 책도 아니고, 해외 대학에서 취득한 MBA도 아니다. 가상화폐, 최첨단 AI, 5G와도 관계가 없다. 나나 당신이 지금 쓰고 있는 '말'이다.

누구나 간단하게 의식하지 않고 일상적으로 쓰는 '말'이야말로 당신의 가치를 명확하게 하고, 당신의 소원을 이루어주며, 당신을 성장시키는 단 하나의, 그리고 최강의 무기다.

당신도 분명 느끼는 것처럼 '말'을 둘러싼 환경이 변화하고 있다. 예전의 사회에서 불특정 다수에게 말할 수 있는 것은 '선택받은 사람'뿐이었다. 그러나 이제는 원한다면 누구나 자유롭게 말할 수 있는 시대가 되어가고 있다. 이런 변화에 필요한 것은 '내 생각을 말로 표현할 수 있을 것인가?' 그리고 '말로 다른 사람을 움직일 수 있을 것인가?'다.

　말을 생각하는 대로 쓸 수 있게 되면 당신의 말이 당신을 있어야할 곳에 데려다줄 것이다. 인간관계도 더 좋아질 것이다. 일도 더진척될 것이다.

　그렇게 쉽게 되겠냐고? 우선 이 말부터 알려주겠다. "비관주의는 기분에 따른 것이며, 낙관주의는 의지에 따른 것이다." 프랑스 철학자 알랭의말이다.

　세상은 대체로 당신에게 엄격하다. 그러므로 평범하게 살다 보면무의식중에 비관적인 기분이 되기도 한다. 그렇지만 세상의 모든것에는 의미가 있다고 생각해본다면? 인생은 반드시 잘 풀리게 되어 있다고 믿어본다면? 조금이나마 하루하루를 보는 시각이 바뀔지도 모른다. 재미없는 일이 내 성장을 위한 일용한 양식으로 느껴질지도 모른다.

　이렇게 생각을 말로 규정하는 것. 구체적으로 말하자면, 말로 세상을 인식하는 방식을 바꾼다면 인생을 마주하는 자세까지 달라진다. 이 책에는 그런 변화의 시기를 극복하기 위한 말의 사용법이쓰여 있다. 단순히 그럴싸한 말을 하는 것이 아니다. 내가, 한 사람의 인간이, 상처투성이가 되어가며 밑바닥을 구르며 겨우 손에 넣은, 그리고 지금도 계속 업데이트되고 있는 실전 안내서다. 자, 당신이 익숙해져 있는 말의 세계를 뛰어넘어서 가자. 그 너머의 세계로.

....

아무리 생각해도 좋은 말이 생각나지 않는다, 머릿속이 잘 정리되지 않는다. 이런 경험은 누구나 한 적이 있을 것이다. 그러나 우리가 해야 할 일 중 하나가 '말로 표현할 수 없는 것을 말로 표현해야 하는 것'일 수도 있다. 이는 내 생각을 표명하는 것이기도 하고 누군가와 연결되는 것이기도 하다. 그리고 가장 중요한 것은 말은 '변화'를 만들어낼 수 있다는 것이다.

나는 더 브레이크스루 컴퍼니 고The Breakthrough Company GO라는 회사에서 크리에이티브 디렉터로 일하고 있다. 크리에이티브 디렉터란 원래 광고 제작 책임자를 의미하지만, 나나 이 회사에서 이 말을 사용할 때는 조금 의미가 다르다. 바로 '아이디어의 힘으로 사회와 기업 활동에 변화를 일으키는 전문가'라는 의미다.

사실 나는 지금까지 여러 번 크리에이티브의 힘으로 변화를 일으켜왔다. 비즈니스맨 사이에서 『킹덤』이라는 장편 역사 만화 열풍을 일으킨 적이 있다. 또 '신문광고의 날'에 『아사히신문』의 좌우 페이지 30단에 『왼손잡이 에렌』이라는 만화를 게재했다. 이날 『아사히신문』은 가판대에서 동나고, 트위터에서는 폭발적인 반응이 쏟아졌다. 이런 일은 당연히 나 혼자서는 할 수 없다. 팀원이 모두 하나가 되어 노력했기에 커다란 변화를 일으킬 수 있었다.

그런데 이를 위해서는 먼저 어떤 변화를 일으킬지를 정해야만 한다. 아직 그 누구도 본 적 없는 새로운 세계를 목표로 모두 한마음으로 나아가려면 어떻게 해야만 하는가?

여기서도 말이 하나의 장치로 기능한다.

회사를 예로 들어보자. '전년 동월 대비 몇 퍼센트 성장 목표'라는 말을 들으면, 그저 숫자를 올리기 위해 변하지 않는 하루하루가 이어질 뿐이다.

그러나 몇 퍼센트 성장시키기 위해서 '이런 변화를 일으키자', '이런 목표를 가지자'고 목표를 말로 정의할 수 있게 되면 새로운 세계가 펼쳐진다.

내 이야기를 예로 들어보자면, 『킹덤』을 단순한 만화가 아니라 '일본에서 가장 잘 팔리는 비즈니스 책'으로 재정의했다. 『아사히신문』에 게재된 만화는 '광고'가 아니라 '콘텐츠'로 새로이 정의함으로써 많은 사람이 기꺼이 찾게 되었다.

이런 변화의 계기가 된 것은 모두 말이다. 아무도 본 적 없는 새로운 현실, 아직 오지 않은 미래, 이것을 형태로 만들어 공유하고 모두 지향하는 목표로 바꾸는 것은 말이 가진 가장 우수한 기능이다. 게다가 말은 원자재도 자본금도 필요 없다. 당신의 마음에서, 뇌에서, 어쩌면 인생에서 우러나는 가장 단순하면서도 가능성으로 넘치는 자원이다.

또는 일상에서도 말이 당신의 눈앞에 펼쳐진 풍경을 순식간에 바꾸어준다.

예를 들면, 업무상 촬영이나 이벤트가 태풍으로 연기될 때마다 나는 꼭 이렇게 말한다. "아이고, 태풍을 부르는 남자라서 죄송합니다." 그러면 모두 웃으면서 조금 밝아진다. 물론 태풍이 잘 비켜나갔을 때는 이런 식으로 말한다. "역시 난 하늘에서 사랑받고 있어."

뭐, 상당히 제멋대로인 말이다. 실제로 내가 태풍을 부르는 남자인지, 하늘에서 사랑받는 남자인지는 알 바 아니다. 다만 눈앞에 닥친 상황을 어떤 말로 해석하는가에 따라 마음가짐과 팀 분위기, 일에 임하는 자세가 달라진다는 것이 중요하다. 원치 않는 이동, 작은 실패, 그 나름대로 큰 좌절, 또는 실연처럼 열심히 살다 보면 솔직하게 받아들이기 힘든 괴로움도 당연히 있을 것이다. 말이 있으면 그 경험을 그저 손해가 아니라 당신의 인생에서 필요했던 것으로 다시 의미를 부여할 수도 있을 것이다. 앞으로 나아갈 미래는 말이 알려줄 것이며, 떠올리고 싶지 않은 과거마저도 말이 의미를 바꾸어줄 것이다.

만약 당신이 인생을 바꾸고 싶다면 어떻게 바꾸고 싶은지 그 미래상을 말로 명확하게 표현해야 한다. 당신이 지향하는 미래를, 당신 스스로, 당신의 말로 형태화할 수 있다면, 당신의 인생은 이미 바뀌기 시작한 것이다. 당신의 눈앞에 가혹한 현실이 있다면, 말을 이용해 새로운 의미를 부여하면 된다. 이 책은 당신의 말을 갈고닦아 당신의 인생을 당신 자신의 것으로 만들기 위한 무기다. 이 책을 마음껏 음미하고 즐기며, 아직 오지 않은 당신의 미래를 향한 모험을 위해 대비했으면 한다. 간단하다. 말은 이미 당신의 손아귀에 있다. 그다음은 사용법을 배우기만 하면 된다.

차례

모든 것은
말로 바꿀 수 있다

: 일도 인간관계도 인생도

'보육원 떨어졌다, 일본 죽어라.'

2016년의 일이다. 어느 동네에 사는 평범한 여성의 이름 없는 계정에 게재된 트윗이 1,000번 이상 리트윗되며 매체에 언급되고 국회에서도 논의될 정도로 화제가 되었다.

보육원(어린이집)에 보내지 못했다는 적나라한 사실과 일본 사회제도에 대한 비판이 담긴 말이었다. 유명인도, 학자도 아닌 단 한 사람의 트윗이 나라를 움직이는 계기가 되었다. 그런 기적이 의외로 평범하게 일어난다.

우리는 지금 이런 사회에서 살고 있다.

한편으로는 상사와 말이 안 통하거나 자신의 의견을 말하지 못하는 것처럼 일상적인 관계에서 말로 인해 벌어지는 작은 어려움이나 평상시 곤란한 경우도 아직은 흔하다. 말은 사람을 움직일 수 있다는 걸 알기 때문에 모두 말을 할 때 고민한다.

인터넷과 스마트폰이 보급되고 사회의 정보 유통량이 비약적으로 증가하며 말과 관련된 상황은 10년 전과 비교하면 상당히 달라졌다. 그러니까 말로 무언가를 움직이거나 바꿀 가능성이 점점 커지는 시대인 것이다. 말의 힘은 점점 더 강해진다. 이에 대한 말할 필요도 없는 확신이 나에겐 있다.

이런 시대에 말을 잘 사용하면서 살기 위해서 다음 세 가지 포인트를 알아두었으면 한다.

1. 누구나 '말할 수 있는 가치'가 있는 시대가 되었다.

2. 말이야말로 최고의 문제 해결 수단이다.

   미래를 만드는 것은 숫자나 기술만으로는 불가능하며, 인간관계를 개선할

   수 있는 것은 말뿐이다.

3. 말을 구사하면 싸우지 않고 이길 수 있다.

누구나

'말할 수 있는 가치'가 있는

시대가 되었다

평범한 사람의 말이 영향력 있는 시대

말은 누구나 자유롭게 사용할 수 있는 무기다. 예전에는 작가나 시인, 또는 카피라이터라는 말의 전문가들이 그 위력을 발휘했다. 그러나 지금은 전문가의 말이 효과적이지 않다.

전문가의 말은 완성도가 높고 정보를 전달하기에 효과적이지만, 지금은 정보를 정확하게 전하기 위해서라면 이미지나 영상이라는 수단을 쓰면 된다. 말이 가진 최대의 기능은 공감과 속도다. 이미지나 영상보다도 빨리 정보 유통의 파도를 타고 누군가에게 공감을 전달한다. 이처럼 가능한 것은 말뿐이다.

그리고 공감을 얻기 위해 일반인의 언어로 표현하는 것이 오히려 좋은 경우가 늘어나고 있다. 말을 복잡하게 꼬아서 사용해 이해하기 어려워지면 아무것도 얻을 수 없다. 일반인이 평범하게 사용하는 말이야말로 더 빠른 공감을 부른다. 결과적으로는 사람을 움직인다. 바로 통하는 말이 된다. 이런 형태가 늘어나고 있다.

'보육원 떨어졌다, 일본 죽어라'라는 말은 그 대표적인 예다.

카피라는 것은 예쁜 말, 멋진 말이 결코 아니다. 이는 사람을 움직이고 상황을 바꾸는 의지와 역할이 있는 효과적인 말을 일컫는다. 예를 들어 커피를 좋아하지 않는 사람에게 '이 커피는 맛있어요'라고 전했을 때, 그 말을 받아들인 사람이 커피를 마시거나 마시려고 생각한다면 그 카피는 효과적이라고 말할 수 있다. 말은 전하는 것만으로는 안 된다. 상대방을 움직일 수 있어야 한다. 현실을 바꾸어야 한다.

'보육원 떨어졌다, 일본 죽어라'는 단순하지만, 매우 강력하고 효과적인 카피였다. '보육원 떨어졌다'는 팩트(사실)가 있어 '일본'이라는 '겉치레뿐인 거대한 적'을 쓰러뜨리고 싶다는 의지가 전해진다. 게다가 '죽어라'는 단순하면서도 마음에 남고, 어떤 의미로는 공격적인 말의 조합이다.

팩트와 여기서 생겨난 사회에 대한 분노의 거대함. 이 차이가 한마디로 응축된 것이다. 이 표현이 '보육원 떨어져서 슬프다', '보육원 떨어졌으니 어떻게든 해달라'였다면 이렇게 화제가 되지는 않았을 것이다. '보육원 떨어졌다, 일본 죽어라'와 같은 발상은 쉽게 할 수 없다. 바로 이 점이 많은 사람의 공감을 부르고 사회를 뒤흔드는 계기가 되었다. 전문가가 아니라 일반인의 생활 그 자체에서 우러나온 혼이 담긴 말, 진심이 담긴 말이기에 가진 힘이었다.

다시 한 번 말하지만, 말은 무기다.

정말로 말 한마디로 세상을 바꾸는 시대다. '육아대디'라는 말이 생기고 아빠의 육아 참여가 이전보다 늘어났다. '혼밥'이라는 말이 생기고 1인 가구를 위한 식품 시장이 커졌다. 말은 사회현상의 핵심이 되기도 한다.

사회와 자신의 환경을 바꾸기 위해 '가장 경제적 효율이 좋은 수단'이 말이라고도 할 수 있을 것이다.

그러므로 『성경』에는 이와 같은 한 줄이 있다. "태초에 말이 있었다."(요한복음)

말할 필요가 없는 사람은 없다

기업의 관리직인 분으로부터 가끔 상담을 요청받을 때가 있다. 회의에서 말하지 않는 사람이 있다는 것이다. 그 사람은 그렇게 되기까지 어떤 생각을 했을까? 어쩌면 나 같은 사람은 말하지 않는 편이 낫다고 생각하고 있을지도 모르겠다.

그러나 잊지 말았으면 한다. 회의에 참석한 것만으로도 그 사람이 있어야 할 의미는 충분하다. 가치를 인정받고 있는데도 '내가 감히 어떻게'라고 생각하는 것은 속이 깊은 것이 아니라 과도한 배려다. 이상한 일이다. 말할 필요가 없는 사람은 회의에 부르지 않는다. 회의에 따라서는 답답한 분위기에 윗사람이 딱딱한 표정을 하고 앉아있을지도 모르지만 상관없다. 원정 경기처럼 보이는 회의라도 일단 불러서 들어갔다면 이는 홈경기인 것이다.

게다가 지금은 매년, 아니 매일 바뀌는 세상이다. 만약 회의에 업계에서 영향력 있는 높은 사람이 있다고 하자. 당신은 입사 2년 차인 신입이다. 당신은 회사에서 경력 차이가 너무 크므로 말할 권리가 없다고 생각할지도 모른다. 그러나 그 높은 사람은 틱톡을 하지도 않을 것이고, 인스타그램에서 '좋아요'를 받으려고 노력한 적도 없을 것이다. 트위터 비밀계정 정도는 가지고 있을지도 모르지만 말이다.

광고회사를 예로 들어보면, 예전에는 TV 광고를 100편 찍은 사람이 10편 찍은 사람보다 경험이 풍부하므로 그의 발언에 더 힘이 실렸다.

그러나 지금은 그런 상식과 경험을 많이 가진 사람보다도 새로운 시대의 변화를 민감하게 느끼고 아는 것이 훨씬 중요하다.

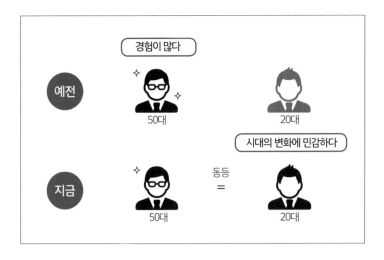

'세대가 다르다'는 것은 단순히 연공서열의 조직 구조를 가리키는 것이 아니다. 진화하고 변화한 사회상식 속에서 살아온 시대 배경이 다르다는 것이다. 20대 신입은 2010년대를 살아온 전문가다. 시대성이라는 시각에서 보면 젊은이는 업계의 높은 사람보다도 날카로운 감성이나 감각이 있다. 시대의 공기를 피부로 느끼는 실재감이 있다. 규칙이 시시때때로 바뀌는 시대에 경험치는 유일한 무기가 될 수 없다.

당신이 20대이고 젊으며 SNS와 스마트폰을 자유자재로 사용하는 세대라면 회의에서 과감하게 말해보는 것이 좋다. 그건 우리 (세대의) 감각으로 보면 멋지지 않다고 말이다. 주변에서 반대할 수가 없을 것이다. 이에 이유를 댈 필요는 없으며, 감각을 믿어도 좋다. 물론 이번에는 젊은 세대는 상대하지 않으니 필요 없다는 말을 듣거나 젊은 층이 받아들이려면 어떻게 하면 좋을지 의논을 하게 될지도 모른다. 모두 다른 인생을 살아가므로, 누구나 말하지 못할 이유는 없다. 물론 어르신도 마찬가지다. 예를 들어 환경 문제에 관심이 있는 사람이든, 럭비가 세끼 밥보다 좋은 사람이든, 누가 하는 말이든 좋다. 내 인생으로부터 탄생한 나만의 말, 진짜 말에는 반드시 의미가 있다. 옛날 위인의 말을 빌리자면, "당신 말고 다른 사람은 그곳에 없었다. 무언가를 말할 권리가 있는 건 그 장소에 있었던 사람뿐이다."

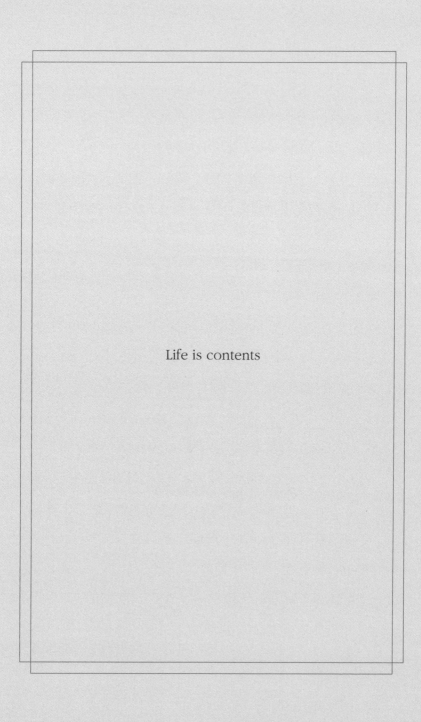

Life is contents

'Life is contents.' 이 말을 기억해두면 여러 상황에서 마음이 편해지니 추천한다.

　말 그대로, 인생에서 벌어지는 모든 일은 성공이든 실패든 뭐든 콘텐츠이며 주제로 삼을 수 있다는 의미다. 나름대로 열심히 살더라도 괴로운 경험이나 위기를 맞이할 수 있을 것이다. 그러나 그런 괴로움도 말로 바꿀 수 있다. 인생에서 겪는 모든 경험을 말로 표현하면서 콘텐츠로 삼아버리면 긍정적으로 여길 수 있게 된다.

　'Life is contents.' 이 말이야말로 내 인생에서 가장 소중하면서도 널리 사용되는 무기다. 이 말을 손에 넣게 된 순간을 지금도 잊을 수 없다. 바로 소학교(초등학교) 5학년 때 처음으로 인생의 전환기를 맞이한 순간이다. 우리 아버지는 원래 댄서였으나 은퇴한 뒤로 미술상을 운영했다. 그러나 사업에 실패하고 이어서 집이 파산했다.

　우리 집은 원래 도쿄 세타가야구에 있는 3층 단독주택에 살 정도로 나름 유복한 가정이었다. 아버지는 댄서 활동을 하며 전 세계를 돌아다닌 경험이 있어서 유럽의 예술을 사랑하고 유럽의 문화에 심취해 있었다. 집에는 난로가 있었고, 샤갈이나 세잔의 진품 그림이 몇 점이나 걸려 있었다. 당시 나는 그런 미술품의 가치를 알 리가 없었지만, 미술품이나 난로처럼 다소 실용적이지 않은 사치품이 있는 생활을 좋아했었던 기억이 있다. 차는 메르세데스 벤츠, 닛

산 스카이라인, 미쓰비시 파제로 이렇게 세 대가 있었다.

하지만 그런 미술품이 어느 날부터 사라졌고, 차도 한 대씩 사라졌다. 어린아이였던 나는 집에 심각한 사태가 벌어졌다는 것을 어렴풋하지만 확실히 알고 있었던 것 같다. 그리고 자신의 힘으로는 어떻게 할 수 없다는 것도 알고 있었다.

그러던 어느 날 밤, 우리 가족은 트럭 한 대에 짐을 싣고 세타가야의 집을 떠났다. '이것이 흔히 말하는 야반도주인가?'라는 생각과 함께 조숙한 나는 인생에 대한 불안과 모험심을 느끼기도 했다. 트럭이 향한 곳은 이타바시구 외곽에 있는 단지였다. 드라마에 나오는 빈곤한 가정 그 자체인 아파트 단지 말이다. 충격이었지만, 일상은 계속되었다. 내게 가장 심각한 문제가 일어난 것은 다음 날 아침이었다.

당시에 나는 교세이소학교라는 곳에 다녔다. 의사나 경영인, 드물게는 가부키 배우처럼 부유한 가정의 아이들이 다니고, 유치원부터 고등학교까지 같이 있는 기독교 계열의 남학교였다. 명문 학교라고 말해도 좋을 것이다. 인생을 심심풀이 정도로 생각하는 아버지는 반대했지만, 어릴 때부터 음악 영재교육을 받아서 예술대를 졸업하고 오페라 가수가 된 어머니의 교육 방침에 따라 다니게 되었다.

같은 학년 친구들은 모두 부유한 가정의 아들들이었다. 내 의지나 책임은 아니었지만, 그런 안정된 생활 수준에서 벗어나버린 나는 어떻게 친구들을 대해야 하는지 이타바시에서 지하철로 아홉 정거장 거리의 소학교로 향하며 계속 고민했다.

지금이라면 가정 형편 따위는 어린아이에게 상관없다고 웃어넘길 테지만, 당시의 나에게는 엄청난 콤플렉스가 될 수밖에 없는 상황이었다. 비교적 밝고 말도 잘하고 적당히 덩치도 있어 힘도 센 편이었던 나는 반에서 나름대로 중심인물이었다. 얼마나 중요한 인물이었냐면, 잘 못 뛰는데도 운동회 이어달리기 선수에 뽑힐 정도였다. 아이의 의사 결정이란 참 무책임한 것이다.

선택지는 두 가지였다. 하나는 비밀로 하는 방법이었다. 가정 형편은 아이들의 사회에서는 전혀 상관도 없고 말할 필요도 없다. 그러나 부모들의 강력한 관계망에 의해 비밀이 폭로될 수도 있는 위험이 있었다. 아이들 사회에서 거짓말쟁이는 가장 미움받는다.

다른 하나는 장난스럽고 재미있게 말하는 방법이다. 어차피 밝혀질 부끄러움이라면 내가 먼저 밝히는 편이 나을 것이다. 동정하는 분위기보다 웃어버리는 것이 낫다. 기업 대표의 자식도 있고 배우의 자식도 있다. 가난한 집 아이가 있다고 해서 문제될 건 없겠지.

당시 열한 살이 채 되지 않은 나는 각오를 다졌다. 내가 기억하는 한, 이것이 인생에서 처음으로 각오를 한 기억이다. 장난스럽고 재미있게 말해서 나의 괴로움을 웃어넘겨 버리겠다, 친구들이 동정하게 두고 보지 않겠다, 웃음의 소용돌이에 빠지게 만들겠다는 생각을 하며 교실의 문을 열었다. 그리고 언제나 그랬던 것처럼 그냥 모여든 친구들에게 나는 『원피스』 라프텔의 정체를 알고 있다는 듯한 얼굴로 말했다.

"저기 있잖아, 엄청나게 웃긴 일이 있어."

나를 둘러싼 모두의 눈이 기대로 빛났고, 나는 쉴 틈 없이 바로 말을 이어갔다.

"우리 집 솔직히 말해 쫄딱 망했어."

어린아이 나름대로 용기가 필요한 커밍아웃이었지만 친구들은 모두 크게 웃었고, 동정하거나 불쌍하게 여기지 않고 순수한 호기심으로 "그래서?"라든가 "얼마나 안 좋은 거야?"라고 솔직하게 질문했다. 모두가 웃고 있었다. 바로 그때, 내 인생은 완전 밑바닥일지도 모르지만 이렇게 웃어준다면 나쁘지는 않겠다고 생각했다.

내 인생의 괴로움은 이렇게 이야기를 하는 것으로 하나의 콘텐츠가 되었다. 대충 비참한 상태였을지도 모르나 그 부정적인 느낌조차도 말로 표현해서 모두가 웃을 수 있는 콘텐츠가 되었다. 인생의 어떤 난관도 말을 활용해서 새로운 의미를 부여하면 불행해지지 않고 기회로 변한다. 말할 용기만 내면 웃어넘길 수 있고 부정적인 일도 긍정적으로 바꿀 수 있다.

나는 말로써 최악의 상황이 최고의 콘텐츠가 되는 것을 소학교 때 경험했다. 이후에도 불행한 일이나 싫은 일이 있으면 말로 표현함으로써 '콘텐츠화'하여 극복하게 되었다.

이런 사고방식은 어느샌가 'Life is contents'라는 말로 내 인생의 중심을 관통하는 지침이 되었다.

뭔가 싫은 일이나 문제가 생겨도 또 친구에게 말할 거리가 생겼다거나 자서전을 채울 에피소드가 늘었다는 식으로 생각하게 된 것이다. 자신의 인생을 하나의 콘텐츠로 여기면 부정적인 것마저 반쯤 농담으로 받아들일 수 있게 된다. 이것도 말로만 할 수 있는, 인생을 긍정적으로 바꾸는 힘이다. 미래는 말로 만들 수 있다. 마찬가지로 과거의 의미는 말로 바꿀 수 있다.

고바야시 히데오(일본의 문예평론가-옮긴이)는 "용감한 자는 언제나 웃기다"라고 말했다.

마츠모토 히토시(일본의 개그맨이자 영화감독-옮긴이)는 "우와, 그건 웃기네"라고 말했다.

'Life is contents.' 이 말 한마디를 가슴에 품고 있으면 남이 비웃고, 넘어지고, 패배하고, 틀리는 것들이 전부 나만의 소재, 무기, 재산으로 바뀔 것이다.

무기가 되는

정보를 모아라

일본에는 1억 2,000만 명의 사람이 있고, 모두 다른 인생과 다른 세계를 살고 있다. 그러므로 '자신만의 말'을 가지고 있지 않은 사람은 없고 말을 할 필요가 없는 사람도 없다. 이것만 알아두길 바란다.

나는 신입 때 회의에서 발언할 기회가 너무 없었다. 안이하게 말을 하면 너는 입 다물고 있으라는 말을 자주 들었다. 그래서 나는 최신 인터넷 뉴스를 조사해와서 "야후에서는 이런 뉴스가 있었고……"라거나 "이 정보는 이번 프로젝트와 관련이 있죠?"라고 어떻게든 말을 하려고 시도했다. 그렇게 상대방이 모르는 정보를 모아서 말을 할 기회를 얻으려고 노력했었다.

방송작가인 스즈키 오사무도 젊을 때 회의에서 아무 말도 할 수 없었다고 한다. 높은 사람들이 이야기하는데 끼어들 수 없었기 때문이다.

그래서 그는 마침 화제가 되고 있는 게이바에 혼자 다녀온 후에 다음 회의 때 거기에서 있었던 체험담을 이야기했다고 한다. "얼마 전에 그 게이바에 다녀왔는데……"라고 이야기를 시작하니 갑자기 "엇!"이라는 반응과 함께 그래서 어땠냐고 순식간에 모두의 주목을 받으며 그 주제로 이야기가 불타올랐다고 한다.

주변 사람들과 다른 경험을 하면, 그 경험은 필시 주목받는 이야기가 된다. 요즘은 그다지 특별하지 않은 경험이라도 세대가 다르면 특별한 이야기가 될 것이다. 평범한 인생이라도 다른 세대의 평범한 인생이라면 특별해진다.

'말을 할 권리'는 누구에게나 있다는 것을 마음속에 새겨놓아야 할 것이다.

지금은 모든 규칙이 점점 사라지고 있다. 얻는 정보에 차이도 없으며 나이에 따른 질서도 없다. 오히려 젊은이가 유리한 상황도 많다. 나이와 경험의 유리함, 불리함이 전혀 없는 시대다. 그러면 어디서 차이를 둘 것인가? 말의 중요성이 점점 높아지고 있다는 것을 알아야 한다. '말'을 하는 것은 능력이 아니라 애초에 권리인 것이다.

비즈니스를 이끄는 것은

숫자가 아니라 말이다

비즈니스에 있어 지금은 숫자 이상으로 말이 요구된다.

이전까지 비즈니스에서 중시된 것은 숫자다.

'상품을 싸게 많이 만들면 팔린다', '더욱 좋은 서비스를 제공하면 돈을 번다', '사람을 늘리면 매출도 오른다'는 이야기처럼 말이다.

목표를 숫자로 정해놓으면 이를 지침 삼아 모두 앞으로 나아갈 수 있었다.

세계의 기본 규칙과 비즈니스의 구조가 확실히 정해져 있었으므로 목표로 삼을 숫자만 정하면 충분했다. '올해는 10억을 벌어야지', '내년에는 20억을 벌자고' 이런 식이라도 먹혔다. 성장이나 진화의 방향은 정해져 있었으며, 얼마나 앞으로 추진할지만 생각하면 되었다.

그러나 지금은 그런 방향이 정해져 있지 않다. 시대가 변하는 속도도 점점 빨라지고 있으며 사회나 비즈니스 법칙도 어느샌가 업데이트된다. 우리 모두, 그리고 기업도 어느 방향으로 가는 것이 정답인지 모른다. 지금은 그런 시대인 것이다. 그러므로 어느 쪽으로 나아갈지 정해서 명확히 말할 수 있는 사람이 강하다.

이처럼 방향을 정해야 하는 시대에 필요한 것은 숫자가 아니라 '말'이다. 말만으로도 전진할 방향을 정할 수 있다.

다르게 표현하면, 지금은 말이 없으면 앞으로 나아갈 수 없는 시대인 것이다.

크리에이티브 디렉터라는 직업 특성상 나는 모든 업계의 최신 비즈니스 상황을 살펴보는 편인데, 어느 업계든지 '숫자의 한계'가 왔다고 느낀다. 프로젝트마다 KPI(핵심성과지표)를 설정하여 1개월 또는 분기마다 팀 단위로 평가하면서 기뻐하거나 슬퍼한다. 그러나 이런 KPI를 꼼꼼하게 추구하면 할수록 현장 팀원은 지금 무엇을 위해 이런 일을 하는지 모르겠다는 표정이 되면서 피폐해져만 간다. 이 일을 통해 더 나은 세상으로 바꾸고 싶다는 목표의식을 가지고 일을 시작했으나, KPI라는 정체불명의 숫자에 쫓기기만 하는 가혹한 게임으로 변질했다.

여행을 예로 생각해보자. '다음 달에는 4,000킬로미터 앞으로 가자'는 말을 듣고 의욕이 생기는 사람이 있을까? 무슨 일인지도 모르고 막상 걷기 시작해도 망연자실할 따름이다. 어떻게 하면 여기서 빠질 수 있을지 생각할 것이다. 기업이 숫자로만 목표관리를 하겠다는 것은 이런 느낌이다.

그러나 '다음 달에 하와이에 가자'라는 말을 들으면 어떨까? 비행기로 갈지, 어떤 항공사를 이용할지, 어떤 수영복을 가져갈지 의욕도 오르고, 동기 부여도 되어, 마음껏 다양한 방식으로 노력할 것이다.

지금 세계를 장악한 기업 대부분은 자사의 매력적인 목표를 정의하는 고유의 '말'을 가지고 있다(36쪽 참조).

제3의 공간(스타벅스)

모든 사람에게 가정과 회사 말고도 쉴 수 있는 제3의 공간을 제공하고 싶다. 스타벅스의 '말'이다. 스타벅스의 편안하고 좋은 느낌, 직원들의 매력적인 대응은 이 말에서 비롯되었다. 이것이 만약 '전 세계에 6,000개의 매장, 이익률 높은 카페를 만든다'라는 식의 숫자로 관리되었다면 우리가 아는 그런 풍요롭고 쾌적한 매장은 만들어지지 못했을 것이다.

세상의 모든 정보를 정리해서 누구나 접할 수 있게 한다(구글)

이는 모두가 아는 구글이다. '세상의 모든 정보'라고 쉽게 표현하지만, 정보는 끝없이 늘어나는 것이다. 그러므로 구글은 이 말을 통해 무한으로 진화하며 계속해서 확장해야 하는 숙명을 자각하고 있다.

모든 사회의 변화와 도전에 집중한다(GO)

우리 회사 GO의 임무는 마케팅회사도, 컨설팅회사도, PR회사도, 광고대행사도 아니다. 기업과 지자체가 새로운 도전과 변화를 시도하고 싶을 때 도움을 줄 수 있는 전문가 집단이 바로 GO다. 지금은 변화에 대응하는 그 자체가 생존전략이 된 시대이기 때문이다. 이런 시각에서 보았을 때, 변화의 전문가라는 GO의 자세는 마치 상대하는 고객을 선택하는 듯한 모습을 보이지만 모든 기업과 일을 할 수 있다는 의도를 능숙하게 드러내고 있다(자화자찬).

어떤가? 어떻게 말이 비즈니스를 이끄는지, 나아가야 할 방향을 정확하게 하는지, 그리고 함께 일하는 사람들에게 용기와 의욕을 주는지 상상이 될 것이다. 목표를 숫자가 아닌 '말'로 공유할 수 있는 사회나 조직은 강하다. 불확실한 요즘 시대에 나아가야 할 방향을 알려주기 때문이다.

길을 잃고 헤매기도 하고 고민도 할 것이다. 그러나 회사 내부에서 아무리 회의해봤자, 소비자를 인터뷰해봤자, 온라인으로 검색해봤자, 답은 나오지 않는다. 그 선택이 올바른지 어떤지, 이를 정하는 것은 언제나 '역사'며 '시장'이다. 어떻게 할지 고민하고 헤매는 시간은 비용 낭비일 뿐 그 무엇도 아니다. 일찍이 안토니오 이노키(일본의 전 프로레슬링 선수-옮긴이)는 이렇게 말했다. "고민하지 말고 가라, 가면 알게 될 거다."

기술을 빛내는 말이 있다

지금은 새로운 기술이 인기 있는 시대지만 그 기술의 방향성을 나타내는 것도 '말'이다. 예를 들어, 아이폰처럼 주머니에 들어갈 만한 작은 컴퓨터가 필요하다는 생각을 누군가가 말로 표현하지 않으면 이는 영영 실현되지 않는다. 음악을 넣어 다니고 싶다거나(워크

맨), 인간의 눈처럼 생생한 세상을 담을 수 있는 카메라가 필요하다 거나(8K 비디오카메라), 전 세계의 언어를 말할 수 있는 기계가 필요 하다거나(포켓토크), 이처럼 모든 혁신적인 상품은 혁신적인 욕망을 표현하는 한마디, 이런 단순한 한마디에서 탄생했다.

먼저 상상하고 말로 표현한다. 이렇게 새로운 말과 개념, 현상이 기 술을 리드하여 말과 기술이 상호작용하면서 현실이 변화한다. 기술 이 새로운 현실을 만들어내도록 말이라는 가이드라인이 존재한다.

이는 기술에서만 목격되는 현상은 아니다. 당신이 어떤 좋은 생각 을 했다고 하자. 당신이 생각한 것을 세상 모든 사람이 한 번쯤 생 각했을 수도 있다. 그렇다고 하더라도, 생각한 아이디어를 그럴싸 하게 말하지 못하면 그 누구도 받아들이지 않는다. 실제로도 그렇 게 사라져간 훌륭한 아이디어나 기술이 분명히 많을 것이다. 업무 상 무언가를 성취하고 싶을 때도 아이디어 수준이 좋고 나쁨과는 상관없이 '말'에 의해서 성과가 바뀌는 사례도 있을 것이다. 지금은 기술에만 초점이 맞춰져 있으나 말에도 주목하지 않으면 어느 쪽 으로 나아가야 할지 모르게 된다.

이 세상에 없는 것은 무한하다. 매일 새로운 것이 생겨나고, 환경 도 계속 바뀌어간다. 이는 위기가 아닌 기회다. 자신의 욕망을, 누 구나 바라는 미래를, 자기 나름의 '말로 표현할 수 있는 사람이 독식할 수 있는 시대다.

사물의 가치는

말로 만들 수 있다

사회가 성숙하고 기술이 발달하면서 자본이 포화 상태에 이른 지금, '우등과 열등'의 기준이 바뀌고 있다.

예를 들어 자동차를 고르는 기준에 대해 생각해보자. 이전에는 빠르거나 저렴하다는 단순한 기능의 우열로 가치를 매겼다. 그러나 지금은 기능의 차이가 거의 없어졌다. 기술의 진보와 부의 평준화로 자본주의사회는 드디어 포화 상태에 도달했다. 무슨 일이 일어난 것일까? 시장에 있는 모든 것이 멋진 것들뿐이다. 1,000원 숍에는 생활에 필요한 것이면 뭐든지 있다. 유니클로에서는 고품질 의류를 단 1만 원대에 살 수 있다. 요시노야(일본의 규동 전문점-옮긴이)도 맛있고, 세븐일레븐의 반찬도 맛있다. 모든 것이 저렴하지만 고품질이다.

그러므로 말이 필요하다. 그 상품의 부가가치를 정의하고, 제시하며, 설명해야만 한다. 가치를 창조하는 것만으로는 시장 경쟁에서 살아남기 힘들다. 그 가치를 증명해야만 한다.

품질의 좋고 나쁨이 아니라 이를 어떤 이름으로 부를지 어떻게 포지셔닝 할지에 따라 선택받는 시대가 되고 있다.

눈앞에 전 세계에서 만든 볼펜을 나열했다고 가정해보자. 대부분의 펜의 품질이 좋아 보이는 상황일 때 어떻게 차이를 만들어낼까? 이탈리아 장인이 하나씩 나무를 깎아서 만든 것이 이 펜의 차별점이라는 팩트를 전달해야 한다. 무엇으로 전달할까? 그렇다. 물론 말이다. 그 팩트가 말로 표현되어 고객에게 전달되면서 20만 원의 가치가 정해지는 것이다.

어떤 상품이든 가치가 있다. 그런데 그 가치를 어떻게 표현할지, 어떻게 이해하게 하는지에 따라 가치가 바뀌는 시대다. 위대한 평론가 고바야시 히데오는 "아름다운 꽃이 있는 것이다. 꽃의 아름다움이라는 것은 없다"고 정의했다.

일이라는 것은 가치를 생산하고, 가치를 전하는 것이다. 이는 사람에 따라서 희망을 품을 수도, 절망할 수도 있겠지만, 지금은 가치를 만드는 것만으로는 시장에서 이기기 어렵다. 이 볼펜이 훌륭하다는 가치를 전하지 않으면 안 된다. 이탈리아 장인이 만들었다는 사실을 주변에 널리 알려야만 한다.

기업 활동은 '가치를 생산'해서 '가치를 전하는 것'이라는 2단계로 이루어져 있다. 특히, 가치를 전하는 것의 중요성이 높아지고 있다는 것은 앞의 이야기로 충분히 이해했을 것이다.

이는 기업의 마케팅만을 이야기하는 것이 아니다. 개인에게 있어서도 같은 현상이 일어나고 있다. 개인도 마찬가지로 가치를 생산하는 동시에 전달해야 한다.

예를 들면, 회사 조직에서 보면 어쩐지 출세가 빠른 사람들이 있다. 같은 성과를 내도 어째서인지 이 사람들만 좋은 평가를 받고, 좋은 업무를 맡으며, 상사나 조직으로부터도 좋은 평판을 얻어 출세도 빠르다. 이런 사람들은 회사 내부에서 **가치를 전하는** 과정을 꾸준히 의식적으로 실행하고 있을 가능성이 크다. 이렇게 설명하면 아부를 잘하는 사람들과 비슷하다고 생각할지도 모르겠다. 그러나 그런 의미가 아니다.

조직 내부에서 상사가 크든 작든 성과를 내는 사람을 모두 파악하고 있다면, 이대로도 괜찮을지 모른다. 그러나 실제로는 그렇지 못하다. 상사는 신이 아니다. 모든 조직원의 능력, 실적, 프로젝트 관여도, 열의, 팀에서의 공헌 등 무수한 변수를 파악하는 건 불가능에 가깝다.

열심히 노력하면 누군가가 알아봐줄 것이라고 여기는 건 훌륭하지만, 어쩌면 사람을 너무 믿고 있는 것일지도 모른다.

또한 기업이나 조직에서 성과를 내는 것도 물론 중요하지만, 더욱 중요한 것은 그러한 성과를 내는 과정을 재생산하는 것이기도 하다. 그러므로 우연히 거둔 큰 성공도 좋지만, 조직이 그 이상으로 원하는 것은 그 성공을 의식적으로 무리하지 않고 반복하기 위한 체제나 구조를 정비하는 것이다.

이러한 전제를 바탕으로 생각해보면, 가치를 전하는 과정은 오히려 조직 내 개인에게 필요한 것이다. 왜냐하면 조직 내에서 자신이 성과를 낸 과정을 설명하는 것은, 회사나 상사의 측면에서 보면 불명확한 내부의 평가에 대한 일정한 기준을 부여하는 것이 된다. 게다가 이 과정을 언어화하면 모두 알기 쉽게 내용이 정리되어 개인의 지혜가 조직의 지혜로 바뀐다.

이때, 성공적인 업무 비결과 과정을 정중하게 설명해주는 사람이 있다면 어떨까? 만일 당신이 열심히 일하고 성과를 내고 있는데도 그저 그런 평가를 받고 있다면, 가치를 생산하는 것에 급급하느라 가치를 전달하지 못하고 있는 것일지도 모른다.

조금 귀찮을 수도 있지만 그다지 어려운 일은 아니다. 점심시간이나 티타임, 어쩌면 퇴근길에 술집을 이용해도 좋다. 상사나 조직에서 평가를 담당하는 사람을 불러내어 당신의 그 자랑스러운 프로젝트 성과뿐만 아니라 과정에 대해 재미있고 흥미롭게 이야기해보자. 당신이 만들어낸 멋진 가치를 주변에 알리는 일을 게을리하지 마라.

일의 가치를 설명할 때는 44쪽의 세 가지 단계를 염두에 두는 것이 좋다.

먼저 팀에서 자신의 역할을 설명한 뒤, 회사에서 그 프로젝트의 가치를 설명하고, 마지막으로 사회에서 그 기업의 가치를 설명하는 것이다. 이렇게 세 단계를 밟으면서 설명하면 프로젝트의 재현성, 개인의 성장성, 그리고 사회적인 영향력과 같은 정보를 조직에 전달할 수 있다.

상사는 이런 설명을 들으면 자신의 발밑에서 엄청난 일이 일어나

자신의 업무 가치를 설명하는 세 가지 단계

1. 팀에서 자신의 역할을 설명한다

프로젝트 리더인지, 매니저인지, 분위기 메이커인지, 관여도와 함께 자신이 어떻게 공헌했는지를 설명한다.

2. 회사에서 그 프로젝트의 가치를 설명한다

프로젝트가 회사에 어떤 좋은 영향을 주는지, 이익을 낼 기회 창출인지, 화제성이나 브랜드 가치의 향상인지, 채용이나 주가에 영향이 있는지를 설명한다. 단, 다시 할 수 있다는 것을 전제로 설명한다.

3. 사회에서 그 기업(과 프로젝트)의 가치를 설명한다

프로젝트를 진행하면서 자신이 속한 기업이 사회에 어떤 영향을 주는지 파악하는 시각도 필요하다. 작은 프로젝트일지도 모르지만, 그 한 걸음이 기업을 성장시키고 국가의 미래를 바꿀 가능성이 있다고 커다란 시각으로 설명한다.

고 있음을 알아차린다. 그의 입장에서 보면 이 프로젝트를 반대하면 자신이 질책당하는 건 아닌가 하고 상상할 수도 있다. 여기까지 생각해냈다면 이제 프로젝트를 진행할 때부터 어떻게 가치를 전달할지 시나리오를 생각할 수 있을지도 모른다.

다만 잊으면 안 되는 것은 평가받기 위해 일을 하는 것은 아니라는 것이다. 다음에 좋은 일을 할 권리를 손에 넣기 위해서 좋은 일을 하는 것이다. 사회 초년생 시절, 대형 광고대행사에서 인턴으로 일하며 조직과 어울리지 못하고 불만투성이였던 내게 당시 사귀었던 IT 기업 여성이 타이르듯이 했던 말을 지금도 잊을 수 없다. "일의 보수는 일"이라는 말이었다. 상도 중요하고 이익도 중요하지만, 그당시에 내가 가장 원했던 것은 기회였다. 이 한마디는 지금도 늘 내가슴속에 담아두고 있다.

싸우지 않고 이기는 도구,

그것은 말이다

비즈니스 세계에서는 자주 '전략'이라는 말을 사용한다.

'전략'이라는 말은 싸우기 위한 작전처럼 여겨지고 있으나 여기서는 조금 다른 해석을 해보자.

'전략戰略'은 '싸움戰을 생략한다略'라고 쓴다. 즉, 전략이란 '싸우지 않고 이기는 방법'인 것이다. 상대방의 특기나 자신이 못하는 것으로는 절대로 싸우지 않는다. 좀 더 말하면 적이 없는 장소, 싸우지 않아도 되는 길을 탐구한다. 싸움에서 이기는 노력을 하는 것이 아니라, 노력하지 않고 이기는 방식을 생각한다. 이것이야말로 '전략'이라는 말의 진짜 의미다(어디까지나 나의 해석이므로 어원에 대한 태클은 사양한다).

나는 고등학교 때 인문 계열 고등학교에서 유도부 주장이었다. 당시에는 키도 몸집도 작은데다 학업이 우선인 학교 분위기 탓에 그다지 연습할 시간을 낼 수 없었다. 더 솔직히 말하자면 근육 트레이닝이나 달리기같이 지루하고 힘든 연습은 하기 싫었다. 그런데도 결과에는 집착하는 편이었다. 이기고 싶었다. 그래서 처음으로 '전략'을 생각했다. 내 인생에서 처음으로 생각했던 전략은, 유도가 특기가 아닌 학교에 소속된 데다가 연습시간이 부족한 내가 유도를 잘하는 학교에 소속되어 있고 체격도 연습량도 월등한 상대방을 어떻게 이길 것인지에 대한 것이었다.

여기서 착안한 가설이 '인간은 알고 있는 기술은 막을 수 있다'는 것이었다. 유도를 잘하는 학교는 대부분 대학생과 연습한다. 대학생의 유도 기술을 경험한 적이 있는 선수들은 내 기술에는 눈도 깜짝하지 않을 것이다. 그러나 그들이 모르는 기술이라면 막을 수 없을 것이라고 생각했다. 모두 업어치기 같은 뻔한 기술을 열심히 연습하고 있을 때, 나는 레슬링이나 브라질 유술, 종합격투기처럼 유도가 아닌 격투기 연습에 힘썼다.

결과는 재미있었다. 일부 관계자들은 저런 건 유도가 아니라거나 저렇게까지 해서 이기고 싶냐고 비판을 했으나, 어쨌거나 나는 상대방을 픽픽 쓰러뜨리며 당시에 내가 다니던 학교에서는 최초로 전국대회에 출전했다. 이때 승부란 전략이 중요하다는 것을 확실히 깨달았다.

그리고 **전략이란 '노력하지 않기 위한 노력'**이라고 명확하게 인식했다. 이때의 기억은 이후 나의 인생에서 큰 도움이 되고 있다.

예를 들어, 고등학교 3학년 때는 공부를 아예 못해서 대학입시를 치를 때 경쟁률이 심한 영어 대신 프랑스어로 시험을 쳤다. 또 대형 광고대행사에 입사한 뒤에는 회사에서 강제로 신입사원들을 광고상 신인 부문에 응모하도록 했는데, 자세히 살펴보니 다른 회사들도 신입사원을 모두 응모시키는 신입 부문보다는 경력사원이 참가하는 일반 부문 경쟁률이 훨씬 낮아 보였다. 그래서 나는 신입인데도 태연하게 일반 부문에 응모해서 상을 받는 등 이처럼 노력하지 않고 성과를 내기 위한 노력을 정말로 열심히 했다.

'전략'을 싸우기 위한 사고방식이라고 인식한다면 발상의 폭이 좁아진다. 마케팅 사례를 예로 들면, 어떤 안경회사는 컬러 콘택트렌즈 사업을 시작할 때 경쟁 브랜드가 '인상이 바뀐다'는 특장점을 내세운 것과는 달리 '인상이 바뀌지 않는다'는 점을 내세워 판매했다. 덕분에 너무 튀는 스타일을 꺼리는 20대 후반 이상의 직장인 여성의 마음을 사로잡았다. 말 한마디의 차이로 기존 브랜드와의 경쟁에서 벗어나 새로운 시장을 발견하여 승리한 것이다.

이런 식으로 10년 이상을 살아온 지금도, 나의 창조성은 결과를 내고 싶다는 이상한 탐욕과 노력하기 싫다는 의식 너머에 있는 게으름으로부터 탄생하고 있다는 기분이 든다.

이쯤에서 다시 한 번 말하자면, 전략이란 노력하지 않고 이기는 방법을 생각하는 것이다. 싸움戰을 생략한다略고 써서 전략戰略이다. 그러니까 나는 어떻게 이 싸움에서 즐겁게 도망쳐서 이길지 항상 생각한다.

노력하지 않기 위한 노력을 많이 하길 바란다. 그러면 어떤 상대라도 쓰러뜨릴 수 있고, 어떤 업무라도 재미있어질 것이다.

유도에 재능은 없고 연습량도 적지만, 그래도 어떻게든 이기고 싶다는 마음이 지금 하는 일에도 변함없이 자리 잡고 있다. 내 전문인 마케팅이나 크리에이티브, PR도 모두 물량이나 자본력을 극복하여 시장에서 승리하기 위한 사고법이며 기술이다.

그리고 이러한 '노력하지 않기 위한 노력'이라는 사고방식의 바탕에는 역시 '말'이 있다. 내가 할 수 있는 것을 확실히 말로 정의한다. 나에게 있어 진짜 승리란 무엇인지를 명확한 말로 정의한다. 모든 노력, 전략, 승리의 시작은 '말'이다.

말을 바꾸고 사고방식을 바꾸면 결과를 바꿀 수 있다.

당신의 도전을 응원한다

GO는 다양한 일을 해왔다.

사도시마 요헤이가 설립한 콘텐츠 회사, 코르크의 브랜딩을 시작으로 유명 밴드 원오크록의 프로모션이나 가수 AKB48, 세카이노오와리의 뮤직비디오를 담당했고, 미국 래퍼 켄드릭 라마가 일본에 방문했을 때 프로모션으로 어딘가에서 본 적 있는 듯한 검은색으로 칠한 광고를 만들기도 했다. 또한 대형 광고대행사가 함께 일하지 않는 스타트업에 투자나 지원도 적극적으로 하고 있다.

여기까지 나열한 업무 내용을 보면 언뜻 무슨 회사인지 모를 것이다. 광고대행사? PR회사? 마케팅 컨설턴트? 나도 가끔 모를 때가 있다. GO가 다루는 일은 장르나 카테고리만으로는 정의할 수 없는 것투성이기 때문이다.

그러나 실체는 매우 단순하다. GO는 기업이나 사회의 모든 도전과 변화에 집중하는 회사다. 지금까지 광고 일을 하면서 키워온 창조적인 힘으로 이 사회에서 정체되고 꽉 막힌 상황을 타개하는 것이야말로 우리의 역할이다.

사회의 모든 면에서 도전을 빠르게 확산시키고 싶다. 이는 바로 당신을 비롯하여 지금 이 사회를 살아가는 모든 사람의 도전을 자극하는 것이기도 하다. 학력이 높은 편이 좋다든가, 대기업에 취직하는 편이 좋다든가, 그런 어딘가에서 들어본 적 있는 상식은 전부 쓰레기다. 모든 개인이 지향하는 미래가 현실이 되기 쉬운 사회야말로 인간이라는 존재를 진보시킨다고 믿는다. 그러니까 GO는 광고대행사도 PR회사도 아닌 '브레이크스루 컴퍼니'라고 칭한다. 이것도 내가 만든 새로운 말이다. 창조성으로 이 사회의 꽉 막힌 느낌을 깨부수는 것에 의미를 둔다.

그리고 그런 우리 일의 중심에는 항상 '말'이 있다. '말'로 새로운 시장을 정의하고(마케팅), 말로 새로운 개념을 만들어 널리 알리고 (PR), 말로 대기업의 조직을 개혁하고, 말을 핵심으로 삼아 대규모의 음악 페스티벌과 비즈니스 컨퍼런스 같은 이벤트도 성공시켰다. 이런 획기적인 창작도, 대규모 프로젝트도 그 중심에는 항상 말이 있었다. 말을 통해 모든 곤란한 상황을 돌파했었다.

내 인생도 마찬가지다. 업무의 한계를 느낄 때도 있었고, 회사에서 시달린 적도 있다. 또 인터넷상의 악성 콘텐츠로 업계에서 추방당했던 적도 있다. 그래도 그런 인생의 위기에서 한 번 더 일어서게 된 계기는 언제나 '말'이었다.

이 책은 12년간, 아니 36년간 말과 마주 보고, 말을 구사하며, 말로 구원받아온 남자가 말로 자신의 인생을 컨트롤하기 위한 사고방식과 기술을 집약한 것이다. 당신이 평소에 흔하게 사용하는 말이지만 약간만 사용법을 익히면 일도 인간관계도 극적으로 바뀔것이다. 처음으로 자전거를 탔을 때의 느낌, 처음으로 뛸 때의 느낌에 가까울지도 모르겠다. '아, 이 순간부터 내 인생이 조금 바뀔지도 모른다'는 느낌을 이 책을 통해 얻게 된다면 좋겠다.

제 1 장

말로 표현하는 방법

순식간에 말로 표현하는

사람은 무엇이 다른가?

'갑자기 감상을 물어봐서 잘 대답하지 못했다'는 이야기를 들을 때가 있다. 이는 입을 떼긴 했지만, 생각지도 못한 말을 해서 자신에게 실망한 상황에서 나온 말이다. '언어화'를 설명하기 위해 우선 이런 상황부터 떠올려보았으면 한다.

이런 말을 하면 자랑으로 들릴지도 모르겠지만, 부디 용서해주었으면 좋겠다. 어쨌든 나는 머리 회전이 빠르다는 말을 자주 듣는 편이다. 어떤 화제를 다루어도 잘 모르겠다고 대답하는 경우는 거의 없다.

나는 크리에이티브 디렉터라는 직업 때문에 거의 매일 온갖 직업의 사람들로부터 '○○에 대해 미우라 씨는 어떻게 생각하시죠?'라고 질문을 받는다. 미디어에서 취재를 하기도 하고 클라이언트인 경영인이 사업에 대한 상담을 하기도 한다. 물론 직원들이나 가족으로부터 일상적인 이야기나 세상에서 일어나는 뉴스에 대해 가볍게 질문을 받을 때도 있다.

그럴 때 내 생각이 정해져 있지 않아도 그 순간에 생각하면서 말하다 보면 의견이 정리되고 의미 있는 말을 할 수 있게 된다. 생각하는 속도도 빠른 편이고 어휘력도 풍부하므로 말이 나오지 않아서 곤란한 적은 없다.

그러나 이것은 나에게만 국한된 특별한 이야기는 아니다. 훈련이라고 해야 할까? 약간의 생각과 마음가짐을 바탕으로 연습하다 보면 누구나 할 수 있다.

이는 앞서 이야기한 내용과도 이어지는데 나의 마음가짐, 말하자면 사회를 마주 보는 방식이 어느 정도 확고하기 때문이다. 예를 들면, 정치적인 문제일 경우에도 '원칙적으로 민주주의는 찬성하지만 중우정치에 빠지는 것은 경계한다'는 시각이 있기에 어떠한 주제를 접하더라도 그 시각을 유지하며 말할 수 있다. 좀 더 구체적으로 말하자면, GO라는 회사 대표로서 '변화와 도전'에 대해서는 절대적으로 긍정적인 견해를 보인다. 그러므로 다양한 질문에 대해 기본적으로는 '변화하는 편이 좋다', '도전은 훌륭하다'는 입장에서 대답하게 된다. 나만의 시각이 뚜렷하므로 무슨 이야기를 들어도 내 의견은 이렇다고 대답할 수 있게 된다.

당연히 나를 포함하여 누구든, 개인의 대답이 사회에 있어서 절대적인 정답일 수는 없다. 그러니까 **정답도 오답도 없다. 이보다 쉽고 편한 문제는 없다.** 인생에는 좀 더 정답에 가까운 것과 오답에 가까운 선택이 있을 뿐이며, 잘못하면 그 나름의 대가를 치르는 문제가 가득하다. 입시나 인사고과, 이직처럼 말이다. 그러니까 나만의 시각만 확실히 정한다면 부담없이, 빠르게, 어떤 의미로는 적당히 대답할 수 있게 될 것이다. 그러니까 우선 한 가지 자신의 시각을 정해보자.

【자신의 시각을 정하자】

질문 1: 자신이 절대로 굽히고 싶지 않은 가치관은 무엇입니까?

질문 2: 어떤 사회였으면 좋겠다고 생각합니까?

(이 질문에 대한 대답은 나중에 바꾸어도 좋으므로, 일단 뭐든지 쓰면 된다.)

　그래도 생각하는 것처럼 이야기할 수 없다는 사람이 있다면, 틀린 것을 말하는 것이 부끄럽다는 생각은 떨쳐버리는 것이 좋다. 반복해서 말하지만, '어떻게 생각하는가?'라는 질문에는 정답도 오답도 없다.

　자신의 생각을 말하기 힘들고, 생각과 말에 차이가 있을까 봐 망설여진다는 사람도 있을 것이다. 이른바 '언어화'할 수 없는 상태다. 말은 했지만 뭔가 부족한 느낌이 들거나 무엇을 말해도 흔해 빠진 느낌이 든다든지 말이다. 혹은 자기도 모르게 말이 길어져서 정말로 전하고 싶었던 의도가 불명확해진다. 그런 사람은 '언어화'하는 힘이 약할지도 모르겠다.

　이런 문제는 방법론을 익히고 말하는 횟수를 늘려가는 방법으로 극복할 수 있다. 그러나 아쉽게도 우리나라 학교 교육에는 자신의 생각이나 느낌처럼 스스로 사고한 내용을 타인에게 알기 쉽게 말하기 위한 '언어화' 기술을 배우는 과정이 부족하다.

　이제부터는 내가 머릿속에서 항상 연습하는 '언어화' 방법을 소개하겠다.

언어화에는 순서가 있다

어떤 문제나 사상에 대해 무엇을 이야기할 것인가? 아무리 노력해도 언어화가 잘 안 되는 사람은 다음 과정을 시도해보는 것이 좋다. 물론 처음에는 잘 안 되어 고생할 것이다. 그러나 말은 무기이자 도구다. 즉, 잘 활용하기 위해서는 연습이 필요하다. 식칼은 누구나 손에 잡을 수 있고, 식재료를 자르는 일도 누구나 할 수 있다. 그러나 숙련된 스시 장인이나 요리사의 식칼 기술, 그리고 이로써 만들어지는 예술 같은 요리는 당연하지만 일반인과 크나큰 차이가 있다. 그저 도구를 쥐는 방법이나 힘을 주는 법을 조금만 알면 단번에 잘하게 되기도 한다. 여기서 설명하는 것은 그런 약간의 사용법이나 마음가짐이다.

다른 문제나 사상에 대해 무언가를 이야기할 때 생각을 언어화하려면 다음의 과정이 필요하다.

0. 자신의 시각을 정한다.
1. 본질을 파악한다.
2. 감정을 주시한다.
3. 말을 정리한다.

순서대로 알아보자.

0. 자신의 시각을 정한다

앞서 이야기한 것과 중복되는 내용이지만, 우선 자신이 세상과 마주하는 방식을 정해야만 한다. 그러나 그렇게 어려운 것은 아니다. 회사에서 자신의 입장이나, 세상 일에 대한 좋고 나쁨을 확실히 정해두면 좋은 정도다.

예를 들어, 당신이 무역이나 상업 활동을 하는 회사에서 일하는 비즈니스맨이라면, 우리나라와 미국의 관계에 대해 어떻게 생각할까? 당신이 지방 도시의 시청 직원이라면, 지금의 SNS 여론몰이나 악플을 어떻게 생각할까? 당신이 아이 넷을 키우는 싱글대디라면, '일하는 방식 개혁'이라는 요즘 사회의 변화에 대해 어떻게 생각할까?

짜증이 난다든지, 기회라고 생각한다든지, 자신의 시각에 따라 사회현상을 파악하는 방식이 완전히 달라진다. 어느 쪽이든 솔직하게 생각하는 것이 가장 중요하다. 세상을 보는 내 시각은 어느 쪽인가? 사회가 어떻게 바뀌어야 내가 쾌적하게 스트레스 없이 살아갈 수 있을지를 생각하면 자연스럽게 알게 되는 경우가 많다.

특히 엄청나게 좋아하는 것이나 열광하는 것이 있으면 좋다. 우리 회사에는 열광적인 아이돌 팬인 크리에이터가 있다. 좋아하는 아이돌의 생일에 자기 돈으로 지하철역 광고판을 사서 광고를 낼 정도다. 주말에는 아이돌의 생방송 현장에 쫓아다니느라 가장 친한 친구의 결혼식에도 참석하지 않을 정도로 열성이다. 우리 회사의 일은 모든 분야에서 최고 수준인 경영인과 함께하는 경우가 많은데, 실제로 그는 경영인들로부터 가장 신뢰받는 크리에이터 중 한 명이기도 하다. 그렇다면 경영인들은 모두 아이돌을 좋아하는가? 그럴 리는 없다. 다만 그 크리에이터는 아이돌이라는 비즈니스 모델에 대해 누구보다 잘 알고 있으며 열광적이므로 소비자의 시선에서 말할 수 있다. 그러므로 경영인들로부터 신뢰를 받는다. 최고의 팬이야말로 최고의 컨설턴트가 된다. 이 또한 그가 아이돌을 좋아한다는 자신의 시각을 명확하게 가지고 있으므로 가능한 것이다.

그런데 아무리 생각해도 자신의 시각을 정할 수 없을 때는 뉴스를 폭넓게 봐두면 좋다. 보도되는 사회 문제 중에 자신이 신경 쓰이는 것, 느끼는 것을 절로 알게 될 것이다. 신문을 구석구석 읽을 필요는 없다. 트위터나 라인에서 나오는 정보를 그냥 스쳐보는 정도라도 좋다.

이렇게 세상을 보는 자신만의 시각을 정하면, 어떤 질문을 받아도 자신의 시각에 따라 생각하면 되므로 편하게 자신의 생각을 말할 수 있을 것이다.

어떤 일을 바라보는 시점을 명확히 정하면 의견이나 생각이 자연스럽게 생겨나는 것이 사회 문제에만 해당되는 것은 아니다. 회사

업무도 마찬가지다.

예전에 하쿠호도라는 광고회사에서 마케팅 업무를 할 때였다. 클라이언트와 크리에이티브 디렉터의 의견이 어긋난 적이 있었다. 광고 표현에 대한 생각의 차이로, 서로의 입장은 이해할 수 있었고, 어느 쪽이 정답이라기보다는 어느 쪽이 양보해야만 하는 상황이었다. 당시 팀에서 신입이었던 나는 클라이언트가 말하는 것도 일리가 있다고 생각했고, 크리에이티브 디렉터가 말하는 것도 이해되었다. 신입인 내가 판단하기는 어려워서 영업부 선배에게 어느 쪽의 생각을 지지해야 할지 물어보았다. 그때, 그 선배는 "우리는 크리에이터 측에 서야지"라고 자신의 시각을 확실히 말했다.

일반적으로, 영업은 클라이언트의 이야기를 듣는 것이 일이므로 당시 나에게는 의외인 대답이었다. 선배가 그렇게 말한 이유는 클라이언트는 우리 회사와 일을 하지 않아도 비슷한 회사를 찾으면 되지만, 이 광고 일을 하는 동안 나에게 중요한 것은 크리에이터이기 때문이다. 회사 안팎의 우수한 크리에이터와 일을 하면 언젠가 성과를 낼 수 있지만, 우수한 크리에이터는 매우 적으므로, 그들로부터 신뢰를 얻는 것이 장기적으로는 가장 중요한 일이라는 것이다.

이 선택이 맞았는지 틀렸는지는 모르겠다. 다만, 그 선배는 이와 같은 명확한 시각을 가짐으로써 주변 사람들의 이해도 구할 수 있고, 의사 결정에도 시간이 걸리지 않는다. 정답인지 아닌지는 나중에 알게 될 것이다. 지금 중요한 것은, 그리고 우리가 열심히 해야 할 것은 단 한 가지, 눈앞에 끝없이 펼쳐진 생각의 갈림길에서 자신의 시각을 관철하는 것이다.

1. 본질을 파악한다

자신의 시각을 확실히 가졌다면 이제부터는 별로 어려운 일이 없다. 다음에 할 일은 그 문제와 논의의 본질을 파악하는 것이다. 흔히 '추상화'라고 불리는 과정이다. 그 문제로 논의되는 것은 대체 무엇인지, 표면적으로 나타난 현상을 쫓는 것이 아니라 현상이 일어난 구조를 파악해야 한다. 많은 사람이 어려워하는데, 실제로는 그리 어려운 일이 아니다.

- 고유명사를 걷어낸다.
- 시간의 흐름을 무시한다.
- 행위와 현상의 관련성만 골라낸다.

이와 같은 세 가지 과정을 거치면 된다. 언어화 과정 중에 추상화 과정이 나와서 좀 번거롭다고 생각할지도 모르지만, 익숙해지면 머릿속에서 단번에 정리되므로 속는 셈 치고 계속 읽어주길 바란다.

자전거를 타는 것도 열쇠로 잠금을 풀고, 안장에 엉덩이를 올리고, 핸들을 잡고, 페달을 밟는 복잡한 과정을 거치지만 초등학생도 숨을 쉬는 것처럼 자연스럽게 잘하니 말이다. 그렇다. 중요한 것은 익숙함과 이것이 자연스러운 행위라고 인식하는 것이다.

영화 줄거리를 예로 들어 추상화 과정을 구체적으로 알아보자.

〈스파이더맨: 파 프롬 홈〉이란 영화가 있다. 그 줄거리를 들었다고 하자.

그때, '스파이더맨이 활약하는 이야기'라고 정리하면, 너무 대충이라서 다른 스파이더맨 영화와 차이점이 무엇인지 알 수 없다.

'스파이더맨이 고등학생 때 이야기로, 스파이더맨으로 활약하는 피터가 즐거워 보였다'라고 정리하면, 감상은 알 수 있지만 줄거리가 아니므로 영화의 본질을 파악하기 어렵다.

또 이야기 내용을 순서대로 말하려고 하면 다음과 같은 형태가 된다(이 부분은 길어지므로 시간이 없는 사람은 건너뛰어도 좋다).

'스파이더맨인 피터는 학교에서 가는 유럽 연수에서 미셸에게 고백하려고 마음먹고 스파이더맨 수트 없이 연수를 떠났지만 도중에 괴물에게 습격을 받는다. 그날 밤, 피터는 벡이라는 남자를 만나 엘리멘탈이라는 괴물이 지구를 공격하고 있다는 것과 피터가 아이언맨의 후계자로 지명된 것을 알게 된다. 피터는 함께 싸우는 것을 거절하고 원래 자리로 돌아갔으나, 결국 협력하기로 하고 적과 싸우지만, 그 싸움을 통해 자신은 아이언맨의 후계자가 될 수 없다고 생각해서 벡에게 후계자의 상징인 안경을 건넨다. 그러나 벡은 전사도 그 무엇도 아니었고, 오히려 피터뿐만 아니라 미셸과 친구들까지 위험해진다. 열차에 치여 정신을 잃은 피터는 네덜란드 구치소에 감금되지만, 우여곡절 끝에 탈출해서 새로운 스파이더맨 수트를 제작하고 벡 패거리가 공격 중인 런던으로 가서 결국 벡을 쓰러뜨린다는 영화다.'

이런 글은 초등학생이 쓴 작문에서 가끔 볼 수 있는데, 이렇게 쓰면 이것저것 줄줄 나열하기만 해서 여러 요소가 혼재되므로 중요한 것을 알기 어렵다.

그러므로 우선은 구조만 뽑아서 본질을 파악해야 한다.

앞서 이야기한 세 가지 과정에 맞추어 줄거리를 작성해보자. 여기서는 이해하기 쉽도록 괄호 안에 고유명사를 넣었다.

주인공(스파이더맨)은 인생의 기반이 되어야 할 소중한 존재(아이언맨)를 잃어서 외롭다. 그는 거짓을 말하는 적(미스테리오)과 싸워 무찌른다. 그 과정에서 지금까지 인생의 기반이었던 영웅(아이언맨)과는 다른, 자신이 목표로 삼아야 할 영웅상을 발견한다. 그것은 지금까지 자기희생으로 세계를 구하던 영웅이 아니라, 자신의 인생을 즐기는 것(여자친구와 데이트나 친구와 여행, 가족과의 관계)과 세계를 구하는 것(어벤져스로서의 활동)을 양립하는 길이다.

여기에는 고유명사도 없고, 시간 순서대로 나열하지도 않았다. 그저 어떤 사람이 어떤 것을 해서 이렇게 되었는지를 단적으로 보여줄 뿐이다. 물론 이것은 나름대로 수준 높게 정리된 내용이지만, 이런 식으로 개인의 특성이나 상세 내용, 시간 순서, 개인의 감정을 배제하면 간단하게 정리할 수 있게 된다.

회사 조직과 업무상의 문제, 가족이나 연인과의 의견 차이도 일단 이렇게 추상화하면 이해하기 쉽다. 익숙해질 때까지는 공책이나 종이에 그림을 그리면서 정리해도 좋다. 확실히 처음에는 귀찮지만, 여러 번 연습하면 익숙해진다. 자전거를 타는 법, 스마트폰을 사용하는 법, 정장을 입는 법을 생각해보길 바란다. 처음에는 모두 설명서를 읽거나 시행착오를 겪으며 연습을 반복했지만, 어느새 일상적인 일이 된다. 많은 사람은 생각을 재능이나 센스로 여기지만 이것도 뇌 운동의 일종이다. 설명서를 파악하고 여러 번 연습해보면 자연히 습관이 될 것이다. 덧붙이자면, 내가 이 기술을 익히는 데 가장 도움이 된 연습은 고등학생 때 그리고 회사원으로서 무수히 많이 쓴 경위보고서였다.

2. 감정을 주시한다

문제의 본질을 파악한다는 것은 주관이나 자기 자신을 배제하고 문제를 철저하게 객관적으로 보는 것이다.

다음은 반대로 실컷 자신의 시각으로 볼 필요가 있다. 자신의 의지, 감정, 의견이 없는 말은 아무리 연결해봤자 아무 의미도 없다. 그렇게 만들어진 말로는 사람을 움직일 수 없다. 사람의 마음을 움직이는 것은 언제나 해설이 아니라 감정이다. 이 단계는 가장 단순하면서 간단한 작업이다.

문제의 본질을 파악하면, 이를 자신의 시각과 대조해본다. 다음으로, 이에 대해 자신이 어떤 감정인지 신중하게 떠올려본다.

감정을 희로애락이라고 간단하게 표현하지만, 그 사이에도 다양한 단계가 있을 것이다. 두근거렸는지, 열 받았는지, 누군가에게 이야기하고 싶어졌는지, 혼자 소중하게 간직하고 싶어졌는지, 용서할 수 없다고 생각했는지, 따라 하고 싶다고 생각했는지, 자신의 감정이 어떤 식으로 반응하는지 냉정하게 관찰한다. 자신의 감정을, 자신의 이성으로 이해해보는 것이다. 그러면 점점 그 감정의 윤곽이 보일 것이다.

그다음에 해야 할 것은 **자신이 그 감정을 품은 이유를 생각하는 것이다.** 왜인지 자신에게 계속 질문해본다. 왜 그렇게 생각했을까? 이 과정에서 스스로 '이해할 수 있는 답'을 찾을 때까지 철저하게 '왜?'를 반복한다. 일이나 사생활에 대해 타인에게 '왜?'라는 질문을 다섯 번 이상 들으면 매우 화나겠지만, 스스로에게 던지는 질문이니까 상관없다. 다소 괴롭더라도 답이 보일 때까지 질문해보자.

'이해할 수 있는 답'은 매우 잘 정리된 말이다. 그러므로 마치 내 안에 자연스럽게 스며드는 것처럼 진심으로 이해할 수 있는 답이 나올 때까지 질문하는 것이 중요하다. 괜찮다. 다른 누구도 아닌 나 자신에게 질문하는 것이다. 분명 나만이 낼 수 있는 답을 찾을 수 있을 것이다. 예를 들어 그 답이 진부하고 어디선가 들어본 적 있는 말이라도 좋다. 혹은 나만 이해할 수 있을 법한 독특한 답이라도 좋다. 중요한 것은 내가 이해할 수 있다는 것, 그 하나다.

일본의 대표 연예기획사 요시모토흥업의 개그맨이 소속사와 협의 없이 개인 파티에서 공연하는 암거래 영업이 문제된 적이 있다. 그 문제의 뉴스를 처음 접했을 때 내가 느낀 감정은 뉴스에 언급된 개그맨들이 불쌍하다는 것이었다. 아마 대부분의 사람이 느꼈던 것과는 반대일 것이다. 그들의 행동이 사회에 미친 영향은 절대 크지 않다. 하지만 미디어나 요시모토흥업은 그들을 규탄하는 자세를 취했다. 언론 보도와 숙청 분위기는 너무나 가혹했다. 미디어를 통해 그 뉴스를 알게 된 많은 사람이 그들에게 비판적인 시선을 보냈다. 일부는 범죄자 취급을 하기도 했다. 그래도 나는 왜 그들을 불쌍하다고 생각했을까? 몇 가지 원인이 있다.

우선 나도 예전에 말도 안 되는 일로 언론에 보도되어 명예와 감정에 상처를 받은 경험이 있기 때문이다. 문제의 시비를 떠나, 언론에 실명이 노출되어 집중 공격을 당할 때 받게 되는 정신적인 충격은 말로 헤아릴 수가 없다. 게다가 나는 대다수의 젊은 개그맨이 낮은 급여를 받고 일하는 것을 알고 있었다. 또한 구체적인 상황은 알 수 없지만, 술자리에서 사진을 같이 찍어달라고 다른 손님에게 부탁을 받아서 딱히 수상하게 여기지 않고 사진을 찍어버린 서비스 정신도 충분히 이해할 수 있다……. 이처럼 내가 느낀 '불쌍하다'는 감정을 내가 이해할 수 있도록 신중하게 풀어보았다. 그러자 여론과는 반대되는 감정이라도 그 이유를 다른 사람에게 설명할 수 있게 되었다.

내가 느낀 감정을 설명하므로 정답도 오답도 없다. 이런 내 감정을 타인에게 설명할 수 있도록 충분히 생각한다. 나 자신을 주시하는 과정에서 나만의 말, 생각으로 나름의 독창성이 생겨난다.

어떤 현상이라도 구조화해버리면 독창성은 사라진다. 현상에 대한 설명은 누가 이야기해도 똑같다. 그러므로 당신의 시각에서 탄생한 당신의 감정을 설명할 수 있게 되었을 때, 비로소 당신은 당신의 고유한 말과 독창성을 손에 넣게 될 것이다.

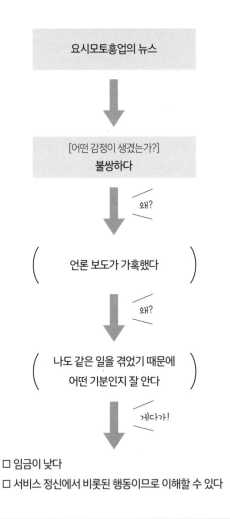

그 감정을 품은 이유를 생각한다

요시모토흥업의 뉴스

[어떤 감정이 생겼는가?]
불쌍하다

왜?

언론 보도가 가혹했다

왜?

나도 같은 일을 겪었기 때문에
어떤 기분인지 잘 안다

게다가!

□ 임금이 낮다
□ 서비스 정신에서 비롯된 행동이므로 이해할 수 있다

3. 말을 정리한다

지금까지 자신의 시각을 정하고, 문제의 본질을 파악하고, 자기감정을 주시하라는 단계를 밟아왔다. 여기까지 왔다면 마지막으로 말을 정리하는 것은 매우 간단하다. 요리를 예로 들면 다음과 같다.

'자신의 시각을 정한다' = 어떤 요리를 할지 정한다.

'문제의 본질을 파악한다' = 재료를 정한다.

'자기감정을 주시한다' = 조리한다.

'말을 정리한다' = 마지막으로 접시에 담는다.

말을 정리하는 것은 구체적으로 어떤 것인가? 이는 지금까지의 단계에서 생겨난 자기 생각의 결과물인 말을 상대나 그 자리의 분위기에 맞추어 조정하는 것이다.

- 말하는 방식을 신중하게 결정한다.

  '네 탓' ⟶ '너에게도 책임이 있다'

- 부정적인 말을 긍정적으로 바꾼다.

  '이제 하나뿐이다' ⟶ '마지막 하나가 되었다'

- 내 책임으로 한다.

'전철 사고로 늦었다' —→ '사고로 지연된 전철에 타고 말았다'

- 가능성을 남긴다.

'게임은 일방적으로 종료되었다' —→ '이번 게임은 눈 깜짝할 사이에 끝나버렸다'

이처럼 상대방에게 남기고 싶은 인상에 따라서 시점이나 순서를 바꾸어 말을 함으로써 같은 현상이라도 전혀 다른 인상을 상대방에게 줄 수 있다. 남기고 싶은 인상, 말하고 싶은 내용과 분위기, 말해야 할 상대방과의 관계성에 따라 무한한 변형이 존재한다.

물론 이런 기술은 잔재주에 시나지 않는다. 『말하는 방법이 9할이다』(사사키 케이이치)라는 책이 인기리에 판매되었다. 분명 표현의 가능성이나 기술의 대부분은 말하는 방법에 있다. 말할 때 커뮤니케이션 기술이 관여될 여지가 가장 큰 것은 '말하는 방법'일 것이다. 그러나 결국 중요한 것은 말해야 하는 내용인 1할에 있다.

말을 정리하는 것은 역시 마무리일 수밖에 없다. 이 마지막 단계에 대해서는 그다지 신경 쓰지 않아도 좋다. 그보다도 자신의 감정을 마주보기까지 0~3단계를 신중하게 길들이면 충분히 강력한 말을 손에 넣을 수 있다. 지금까지 독서를 멀리했더라도 비관할 필요는 없다. 자신의 시각을 정하고, 본질을 파악하여, 자기감정을 주시한다. 만약 여유가 있다면 말을 정리해둔다. 그것으로 충분하다.

언어 센스는 키울 수 있는가?

그리고 또 하나, 센스는 재능처럼 특정한 사람이 가진 천부적인 능력이라고 생각할지도 모르지만, 그렇지 않다. 센스는 경험과 가치 판단의 축적에서 비롯된다. 멋있는 것을 본 적 없는 사람은 멋있는 것을 만들 수 없고, 아예 멋있는 게 뭔지도 모른다. 인생에서 다양한 것을 보고, 이해하고, 그것이 멋있는 것이라고 배운 뒤 비로소 사람은 멋있는 것과 그렇지 않은 것을 구분하고 멋있는 것을 만들 수 있게 된다. 말도 마찬가지다. 알아듣기 쉬운 말, 이해하기 쉬운 말을 인생에서 많이 접하면 내가 무언가를 말할 때 그 말을 인용하거나, 그 말의 본질을 잘 선별하여 사용할 수 있으므로 결과적으로 쉬운 말, 완성도 높은 말을 사용하게 된다.

주변에서 자주 이야기하는 독서가 중요하다는 말은 그런 의미이며, 다양한 말을 알고 있는 만큼 언어화의 기술과 표현의 폭이 넓어진다. 물론 만화나 영화도 좋고, 아니면 친한 사람 중에서 말을 재미있게 하는 사람이나 설명을 잘하는 사람이 있다면 그들과 계속 말하는 것만으로도 좋다. 놀라거나, 웃거나, 감동하거나, 탄복하는 감정이 움직일 때마다, 말은 하나씩 확실하게 당신의 뇌와 마음에 새겨질 것이다. 이런 좋은 말의 파편들과 그 기억들의 집약이 당신도 모르게 당신의 센스를 만든다. 그러다가 문득 정신이 들면 탁월

한 언어 센스를 가진 사람이 되어 있다고 해도 전혀 신기하지 않을 것이다.

구체적인 사례: 영화에 대해 이야기하자

예를 들어, 영화 감상으로 이 언어화 과정을 검증해보자.

영화나 책을 본 뒤의 감상을 친구나 동료가 물어볼 때가 있다. 그럴 때 영화를 보고 자기 나름대로는 감동했거나 재미있었다고 생각했으나, 그 생각을 잘 설명할 수가 없다는 이야기를 들은 적이 있을 것이다. 감상에는 정답도 오답도, 평가의 좋고 나쁨도 없으므로 마음대로 말해도 된다고 생각하지만, 의외로 이런 일상의 사소한 대화를 통해 감성이나 교양 수준을 평가받기도 하므로 마음 편하게 말하기 힘든 것도 이해할 수 있다.

'본질을 파악한다'를 설명할 때 예로 든 〈스파이더맨: 파 프롬 홈〉을 또 사용하여 이야기해보자.

0. 자신의 시각을 정한다

나는 마블의 히어로 영화를 매우 좋아하며, 기본적으로 스파이더맨 시리즈를 매우 칭찬하고 싶다는 시각을 가지고 있다. 그리고 모든 대중문화에서 인생이나 사회에 대해 배울 점을 발견하고 싶다는 시각도 가지고 있다. 이런 입장에서 작품을 보러 간다.

1. 본질을 파악한다

앞에서 설명했으므로 65~66쪽을 참조하길 바란다.

2. 감정을 주시한다

이 영화를 보고 내가 느낀 점은 단순히 말하면 '매우 재미있었다', '지금까지의 마블 히어로에 비해 히어로상이 조금 바뀌었고 진보한 느낌이 든다', '스파이더맨이 우유부단하고 끙끙대는 점은 나와 닮았다'는 것이었다. 이를 가능한 한 깊게 고찰해보자.

'매우 재미있었다'고 생각한 이유는 단순하다. 영상은 속도감 있고 최신의 가상현실 기술이 충분히 사용되어 모든 장면이 잘 계획되어 있었고 멋졌다. 또한 이야기도 130분의 상영시간 동안 세 가지 고비가 있어서 지루할 틈이 없다. 순수하게 영상에 흥분하고 이야기 전개에 감동한 것이다.

좀 더 깊게 생각해야 할 것은 '지금까지의 마블 히어로에 비해 히어로상이 조금 바뀌었고 진보한 느낌이 든다', '스파이더맨의 우유부단하고 끙끙대는 점은 나와 닮았다'는 두 가지 포인트다.

지금까지의 마블 히어로와 비교해서 조금 달라진 점은 과거 시리즈 작품인 어벤져스와 비교해보면 이해할 수 있다. 〈어벤져스: 엔드 게임〉 이전의 마블 히어로들의 싸움은 '선과 악의 싸움'이었으며 그 승리 조건은 항상 자기희생이었다. 히어로는 반드시 싸움 중에 자신의 생명이나 소중한 것, 또는 가족이나 연인과의 행복한 시간을 희생해서 승리를 쟁취한다. 이는 기독교에서 비롯된 '자기희생이야말로 영웅의 상징이며 조건이다'라는 서양의 영웅이나 세계를 구하는 이야기의 기본이 되는 사상으로 상징된다. 마블 시리즈나 디즈니 작품, 혹은 스타워즈 시리즈를 봐도 바로 깨달을 수 있을 것이다. 21세기를 대표하는 미국 히어로 영화 시리즈인 어벤져스에서도 전체 작품을 아우르는 테마로 현저하게 드러난다. 그 증거로 모든 작품에서 히어로는 소중한 사람을 잃고 중요한 것을 포기하는 장면이 담겨있다.

스파이더맨도 마찬가지였다. 지금까지의 작품에서는 여자친구와 데이트가 한창일 때 포기하고 적을 쓰러뜨리러 가거나 자신이 하고 싶은 것을 포기하더라도 사회를 위해 희생했다. 이것이 미국이 원하는 그리고 2019년까지의 세계적인 기준인 '히어로상'이었다.

그러나 〈스파이더맨: 파 프롬 홈〉에서는 조금 다르다. 평소에는 고등학생으로서 평화로운 일상을 보내는 스파이더맨이, 뉴욕을 위험에 빠뜨리는 적을 무찌른 뒤에는 포기하지 않고 필사적으로 쫓아가서 여자친구와 데이트를 하는 확실한 장면이 있다. 지금까지는

'적인가, 아군인가', '어리광쟁이 소년인가, 어리광 부리지 않는 영웅인가'처럼 '사람은 어느 쪽이든 선택을 해야 한다. 당신은 어느 쪽을 선택할 것인가?'를 묻는 것이 어벤져스였다.

한편, 〈스파이더맨: 파 프롬 홈〉은 어느 쪽을 선택하지 않아도 좋다는 시각으로 그려져 있다. 사람은 어떤 상황이라도 두 가지 선택을 모두 할 수 있으며, 두 가지 선택 사이에서 계속 고민해 나아가는 것이 인간이라는 의미에서, 지금까지의 마블 영화를 넘어 커다란 현대적인 주제를 담은 작품인 것이다. 그러므로 나는 이 영화의 스파이더맨으로부터 히어로상의 진보를 느꼈다. 그리고 동시에 나처럼 고민하면서 살아가는 인생을 투영한 듯하여, 나와 닮았다고 느낀 것이다.

이와 같은 내용은 처음부터 머릿속에 문장으로 정리되어 있지는 않다. 이렇게 말을 하면서 나도 처음으로 알게 되는 것이다.

3. 말을 정리한다

자신의 시각을 정하고, 영화의 본질을 파악해서, 이로써 자신의 감정을 주시한다. 이 정도만으로도 충분히 말할 수 있는 내용이 완성된다. 블로그에 정리하면 적당히 공유도 되고 '좋아요'도 받을 것이다.

'나는 이렇게 깔끔하게 정리할 수 없다'고 생각하는 사람이 있을지도 모르겠다. 그러나 혼다 케이스케의 경기를 보고 겁먹어서 축구를 그만둔 중학생이 있을까? 우타다 히카루의 노래를 듣고 가수가 되는 꿈을 포기했다거나, 오다 에이치로의 『원피스』를 읽고 다시는 만화를 그리지 않기로 했다는 이런 말들은 실로 어이가 없다. 포기할 것이 아니라 오히려, 그 꿈의 선두에 있는 사람을 동경하고, 에너지를 받으며, 하나의 표본으로 삼음으로써 성장 속도가 빨라지는 것이다. 물론 내가 그들만큼 선두에 섰다고 말할 의도는 추호도 없지만 말이다.

마지막으로 말을 정리하여 프로다운, 압도적인 솜씨를 보여주고 싶다. 그래서 최대한 단순하고 정제된 말로 표현하고 싶다. 그렇다면 다음과 같이 쓰면 된다.

〈스파이더맨: 파 프롬 홈〉에서 그려진 것은 전혀 다른 히어로상이다. 이를 단적으로 표현하면 '이원론의 초월'이다. 평범한 고등학생과 슈퍼 히어로. 연인과의 달콤한 데이트와 세계를 구하기 위한 전투. 지금까지의 히어로 영화는 항상 둘 중 하나를 선택해야만 했다. 그러나 스파이더맨은 다르다. 그는 고민하면서도 그 두 가지를 이루고자 한다. 이러한 인물의 갈등을 통해 우리는 자신의 미래를 엿본다.

또는 좀 더 친절하게 초등학생 수준으로 말하면 이런 느낌이 된다.

아마도 〈스파이더맨: 파 프롬 홈〉은 지금까지의 히어로 영화 중 가장 우리와 가까운 존재로서의 히어로를 표현했다고 본다. 그는 평범하게 고등학교에 다니며 공부하거나 여자친구와 데이트를 하며 청춘을 즐기고 싶어 한다. 그러나 한편으로는 슈퍼 히어로로서의 책임도 이해한다. 지금까지의 슈퍼 히어로는 별 고민 없이 세계를 구하는 쪽을 선택한다. 그래서 슈퍼 히어로인 것이다. 그러나 스파이더맨은 고민한다. 고민하면서 다른 쪽도 어떻게든 잘 하려고 열심히 노력한다. 이는 즉, 현실 세계에서의 공부나 일처럼 반드시 해야 하는 것과 연애나 취미처럼 하고 싶은 것 사이에서 고민하면서 어떻게든 타협해 잘해보려는 우리의 모습과 일치한다.

두 예시 모두 같은 이야기를 하지만 상대방의 감상이나 지식, 상황, 얻고 싶은 효과에 따라 표현과 말투, 단어 선택을 바꾸었다.

여기에서는 비교적 신중하고 능숙하게 표현해보았는데 어떤가? 물론 누구나 처음부터 이런 느낌으로 표현하기는 어려울 것이며, 금방 좋아지는 것도 아닐 것이다. 그래도 우선은 손을 움직여보는 것이 중요하다. 누구나 처음에는 서툴다. 못하는 것은 절망이 아니라 희망이다. 이것이 당신의 출발점이자 목표점이기도 하기 때문이다. 『베르세르크』라는 만화에서 투쟁에 대해 이런 말이 나온다. "기도하지 마라, 손이 바빠지니까."

그러니까, 지금 바로, 머리를, 손을, 움직여보자.

말의 인수분해로

자신을 돌아본다

나만의 말을 만들어내는 기술에 대해 조금 더 이야기해보자. 심혈을 기울여 이야기를 해도 그 말이 상대방 인상에 남지 않거나, 그저 그래서 상대방이 행동하도록 만들지는 못한다는 사람이 있다. 이런 사람은 누군가에게 말을 해도 반응이 약하거나 붕 뜬 이야기를 한다고 들은 적이 있을지도 모르겠다.

예를 들어, '일이 잘 안 된다'는 말을 사용하는 사람이 있다. 무엇이 힘든지, 무엇이 잘 안 되는지 알 수 없으므로 당사자가 힘들어 보여도 주변에서 도와줄 수가 없다. 대개는 '힘내'라고 말하고 그걸로 끝이다.

또 '열심히 하겠다'는 말을 하는 사람도 있다. 아주 많다. 쉽게 사용하는 말이지만, 무엇을 열심히 하는지 모르면 자칫 생각 없는 사람으로 보인다.

영화나 책의 감상을 물을 때 '좋았다'는 감상을 생각해보자. 무엇이 좋았는지 모르면, 상대에게 그 마음이 전해지지 않을지도 모른다. 모처럼 어떤 것을 보고 감동해서 마음을 표현하려 저런 식으로 SNS 댓글을 남기면, 당신은 그저 댓글을 남긴 수많은 사람 중 하나가 되어 상대방에게 강한 인상을 줄 수 없다.

앞서 예로 든 말은 모두 단순하면서 무심코 자연스럽게 입에 붙은 말들이다. 그래서 실감도 나고, 말한 당사자에게는 마음속 깊은 곳에서 우러난 말일 것이다. 그러나 단순하고 많이 쓰는 말일수록 흔하고 마음이 전해지지 않는다는 단점이 있다. 그러면 어떻게 말을 해야 강력하게 마음을 전할 수 있을까?

이럴 때 언어화를 잘하는 사람은 머릿속에서 '말의 인수분해'를 한다.

예를 들어, '일이 잘 안 된다'를 분석해보자. 단어 하나하나를 분리하여 구체적으로 만듦으로써 '일이 잘 안 된다'는 상황의 정체를 말로 명확히 표현한다. '회사에서 인간관계로 스트레스를 받고 있다'든지 '현장 작업이 너무 힘들다'든지 '아이디어가 떠오르지 않는다'든지 '상사가 싫다'든지 '의욕이 안 난다'든지 말이다.

'일이 잘 안 된다'가 담고 있는 내용을 철저하게 쪼개어 구체화한다.

좀 더 신중하게 순서를 쫓아가 보자.

'일'이라는 말 속에는 다음 요소들이 있다.

옷차림, 출근길, 해고, 동료와의 인간관계, 인사, 업무상의 프로젝트, 후배 교육, 서류 내용 체크, 아이디어 내기, 회의, 보고, 급여, 인사 평가 등 전부 말하기 힘들 정도다. 개인의 업무나 인생 타이밍에 따라서도 달라지지만 대개 '일'이라는 말에는 수많은 요소가 포함되어 있다.

'잘 안 된다'는 말도 마찬가지다. 동기 부여가 안 된다, 계속 실패한다, 인정받지 못한다, 미움받고 있다, 조직 분위기가 맞지 않는다,

사업에 흥미가 없다, 뭘 노력해야 할지 모르겠다, 일이 너무 어렵다 등 이 역시 수많은 요소가 있다.

그러면 '일이 잘 안 된다'는 고민을 인수분해 하는 흐름을 시뮬레이션해보자. 이것도 익숙해지면 저절로 머릿속에서 빠르게 생각할 수 있게 된다. 그러나 처음에는 질문해줄 수 있는 사람에게 부탁하여 여러 번 질문을 반복하면서 구체적으로 만들어가는 편이 좋을 것이다. 질문마다 단어를 구체화하는 레이어를 추가한다는 느낌으로 진행하면 이해하기 쉽다.

【일이 잘 안 된다】

- **첫 번째 레이어**

  여기서 말하는 일이란 무엇인가? ──▶ 고객과의 미팅

  잘 안 된다는 것은 어떤 의미인가? ──▶ 대화가 잘 이어지지 않는다.

- **두 번째 레이어**

  고객은 누구인가? ──▶ 담당하고 있는 클라이언트, 그중에서 책임자나 경영인 등 고위직이 불편하다는 생각이 든다.

  대화가 잘 이어지지 않는다는 것은 어떤 의미인가? ──▶ 영업 시나리오는 머릿속에 있지만, 클라이언트와 가벼운 주제로 잡담을 하기 힘들어서 정신적으로 거리감을 느낀다.

- 세 번째 레이어

  클라이언트 중 고위직인 사람이 불편한 이유는 무엇인가? ⟶ 고위직이 원

  하는 잡담에 대응할 수 없다.

  가볍게 잡담할 수 없는 이유는 무엇인가? ⟶ 문화적인 정보, 교양의 부족함

  을 느끼기 때문에 이를 들킬까 봐 부끄럽다.

　이렇게 깊이 생각해본다. 그러면 '일이 잘 안 된다'는 걱정이 단순한 고민이 아니라는 것을 알게 된다. 이 상황을 말로 인수분해 하면서 정확하게 표현하면 '일하면서 클라이언트 중 경영인과 직접 대화할 때 교양이 부족하다는 것을 들킬까 봐 생각처럼 대화를 잘 하지 못한다. 이런 상황 때문에 자신감을 잃어서 스트레스를 느낀다'는 것이 분명해진다.

　게다가 '잘 안 된다'는 내용이 하나만 있는 것이 아닐 수도 있다. 문제가 여러 개인 경우도 인수분해 과정은 똑같다. 여러 번 반복하면 된다. 이렇게 단계적으로 생각을 언어화하는 작업은 실제로 해보면 그다지 어렵지 않다. 시간은 걸릴지도 모르지만, 말이라는 보조선을 사용하여 자신의 의식이라는 어둡고 깊은 계곡의 바닥까지 내려가서 문제라는 광석을 찾아내는 것 같은 작업을 상상하면 된다.

　이렇게 생각을 언어화하는 작업을 시도해보면 새삼스럽게 알게

'일이 잘 안 된다'를 인수분해 하자

첫 번째 레이어

일이란 무엇인가? = 고객과의 미팅

두 번째 레이어

고객은 누구인가? = 책임자, 경영인
대화가 잘 이어지지 않는다는 것은 어떤 의미인가? = 가벼운 잡담을 할 수 없다.

세 번째 레이어

고위직이 불편한 이유는 무엇인가? = 잡담하기 힘들다.
잡담을 할 수 없는 이유는 무엇인가? = 교양이 없다.

되는 것이 있다. 인간은 의외로 자신을 잘 알지 못한다. 무엇보다 사고는 인간에게 있어 매우 귀찮은 작업이고 이를 피해서 편하게 살려고 한다. 생각 과정에서 '일이 잘 안 된다'든지 '좋았다'처럼 대충 편리한 말을 쓰면, 여기서 생각이 멈춘다. 틀린 말은 아니기 때문이다. 그러나 정확하지도 않다. 생각을 정확한 말로 표현하지 않으면, 좀

더 깊은 생각을 도출할 가능성이 있어도 도중에 그만둬 버리는 것이다.

발명왕 에디슨은 "인간은 생각이라는 진짜 노동을 피하기 위해서라면 뭐든지 한다"는 말을 남겼다. '생각'을 해야만 하는데도 말이다.

고민하는 것은 의미가 없다

말을 인수분해 함으로써 생각을 명확히 한다. 이것이 가장 효과적일 때는 인생의 진로나 다음 행동을 위해 막연하게 고민할 때다. 이때도 생각을 인수분해 하여 말로 만들면 문제의 본질이나 자신이 나아가야 할 방향이 보인다.

막연히 고민하는 사람도 많은데, 막말하면 이것이 바로 가장 쓸데없는 행동이다. 고민하는 것은 왠지 잘 모른 채로 우물쭈물하는 것이다. 앞으로 나가지도 도망치지도 못하고 생각이 한곳에 머물러 있다. 물이나 공기처럼 생각도 변하지 않고 같은 곳에 머무르면 정체되어 버린다. 이를 인수분해 해야만 한다. '고민'이라는 말을 봉인하고 생각을 인수분해 하여 언어화하지 않으면 행동으로 이어지지 않는다.

나는 원래 대기업 회사원이었지만 독립하여 창업을 한 이력 덕분에 광고·미디어 업계의 지인들에게 '회사를 관둘까 고민이다'라는 상담을 받을 때가 많다. 이에 대해 100퍼센트 단언할 수 있는 것은 '회사를 관둘까 고민이다'라고 말하면서 상담하는 사람은 회사를 그만두지 않는다는 것이다. 고민한다는 것은 희뿌옇고 막연한 생각이 언어화되지 않은 것이기 때문이다. 생각이 확실하지 않은데 새로운 행동을 할 리가 없다. 애써서 들어간 대형 광고회사나 미디어 기업을 그만둘 때는 나름의 생각을 기반으로 단호한 결의와 미래를 향한 구체적인 계획이 필요하다.

　한편 실제로 회사를 관두는 사람은 '회사를 관두므로 여러 가지 가르쳐달라'는 생각으로 온다. 그들은 고민하지는 않는다. '회사를 관둔다, 관두지 않는다'는 두 가지 선택지를 비교하여 생각한 뒤 회사를 관두는 편이 인생에 더 도움이 될 것이라는 결론을 내고 상담하러 오기 때문이다.

　생각해보면 나도 하쿠호도를 관두고 독립할 때 누군가에게 독립할지 말지를 상담한 적은 없었다. 나름대로 여러 번 생각한 뒤 회사 조직에서만 가능한 것과 회사 조직을 나와야지만 가능한 것을 비교해서 독립 의지를 굳힌 뒤에 보고하려고 생각했다. 회사를 그만두는 것은 물론 인생에서 보면 불안하고 초조하기 때문에, 무심코 멍해지며 막연히 '고민'하는 행위에 머무를 때도 많다. 정신적으로 불안정하면 호흡도 사고도 얕아진다. 하지만 긴급한 사태일수록 깊이 호흡하고 깊게 생각하는 편이 좋은 것도 사실이다.

예전에 하쿠호도 선배에게 들었던 말을 기억해주었으면 한다. "이 세상에 어떻게 할 수 없는 일은 없다. 가끔 어떻게 할지 모르게 될 뿐이다." 침착하게 생각하면 괜찮아진다.

상황에 따라 말하는 능력을

갖추고 싶다면

말의 우선순위를 편집한다

말이 바로 나오지 않는다는 사람이 있다. 그런데 할 말이 없어서 그런 것이 아니라 할 말이 너무 많아서 그런 사람도 있을 것이다. 무엇을 중요하게 생각하냐고 물어보면 "물론 일도 중요하고 가족도 중요하고……"라며 소중한 것이 너무 많아 우선순위를 정하지 못한다.

그런 사람은 말로 우선순위를 정할 필요가 있다.

이런 훈련을 하면 어떨까? 우선 생각나는 대로 단어를 나열해본다. 머릿속에서 멍하니 생각만 하고 있으면 모르지만, 종이에 써서 눈에 보이게 하면 이 정보는 그다지 중요하지 않다거나 이쪽이 더 중요하다는 것을 알게 된다.

각각의 요소를 쓰고 눈으로 보면서 자문자답하며 말의 인수분해를 해나가면 생각의 윤곽이 명확히 보인다. 하나하나 말로 해서 구체적으로 검토하면 자신에게 정말 중요한 것과 그렇지 않은 것, 그리고 각각의 중요도의 차이가 또렷해질 것이다.

또 아무리 할 말이 많아도 전부 말해서는 안 된다. 순서를 정하고 중요도를 정하는 것도 중요하다.

예를 들어, 영화 감상을 듣고 "그 장면도 좋고, CG도 예쁘고, 주제도 공감했고……" 등을 줄줄 읊어도 다른 사람이 듣기에는 포인트가 없어 보인다. 그러므로 한 가지를 정해서 "그 장면이 좋았습니다. 왜냐하면……"이라고 좀 더 깊이 이야기를 해야 상대방이 관심을 가지고 들어줄 것이다.

그리고 한 가지를 정해서 이야기한 뒤 '역시 그 이야기를 해야 했는데……'라고 나중에 생각하지 않아야 한다. 한 가지를 정해서 말하는 편이 인상에 남는다는 것을 가슴 깊이 명심해두자. 사람들은 그다지 많은 것을 기억하지 않는다. 말은 언제나 한 가지가 눈에 띄어야 한다. 하쿠호도에서 신입일 때, 기획안을 내면 선배 크리에이티브 디렉터가 "여기저기 곁가지가 너무 많아. 기획이 꽉 막혔어"라고 훈계하던 기억이 난다.

상대방의 시선으로 말의 우선순위를 편집한다

내가 쓰는 말에 대한 우선순위를 편집할 수 있게 되면 이번에는 상대방의 시선에서 우선순위를 편집해보자. 상대방에게 호감을 사는 사람, 자신이 속한 곳의 분위기를 능숙하게 장악하는 사람은 상대방의 시선에서 말의 우선순위를 잘 편집하는 것이다.

예를 들어, 간장을 건강을 위해 염분을 줄이고 싶은 중년 남성에게 판다면 "적정한 양만큼만 넣을 수 있습니다"라고 말한다. 입맛이 깐깐한 주부에게는 "고급 요리점에서도 사용하고 있습니다"라고 말한다.

반대로 셰프에게는 "맛있어요"라고 말해도 그다지 반응이 없을 것이다. 이미 맛을 추구하는 사람들이기 때문이다. 그러나 "넘쳐흐르지 않아 청소가 편해져요"라고 말한다면 통할지도 모르겠다.

상대방의 입장에서 어떻게 말하면 매력적일지를 생각한다. 상대의 기분을 살피는 것과는 조금 다른 이야기다.

상대방이 어떤 말을 들으면 기쁠지가 아니라, 상대방이 어떤 이점을 얻으면 그 행동을 할지를 보는 시각이 필요하다. 물론 간단한 일은 아니다. 상대방과 대화하면서 상대에 대해 깊이 이해를 해보는 것이다.

할 말이 너무 많아서 말이 안 나올 때 바로 이렇게 우선순위를 매길 수 있는 사람이 훌륭하다. 먼저 나의 입장에서 우선순위, 그리고 상대방의 입장에서 우선순위를 생각하는 것이다. 이 두 가지를 의식적으로 정리할 수 있으면, 협상과 제안에서 유리한 입장에 설 수 있다는 것은 말할 필요도 없을 것이다.

수직적 사고와

수평적 사고

말을 만들어내는 것은 말할 필요도 없이 생각이다. 그리고 생각은 크게 두 가지로 분류된다. 수직적 사고와 수평적 사고, 이 두 가지다. 구체적으로 설명해보자면 다음과 같다.

'수직적 사고'란 논리적으로 깊이 생각하는 것이다. 쉽게 말하자면 '왜냐하면'이라는 질문으로 생각을 파고드는 것이다.

예를 들어 요시모토흥업의 암거래 영업 문제에 대해서 수직적 사고를 적용해서 이야기해보자.

소속사와 협의 없이 개인 파티에서 공연하는 암거래 영업 자체가 나쁘다는 인식이 일반적이다. 그러나 나는 개그맨들이 그다지 나쁘다고는 생각하지 않았다. 왜냐하면, 요시모토흥업과 개그맨의 계약은 아무래도 소속사 중심이다 보니 개그맨들이 착취당한다고 표현해도 이상하지 않기 때문이다. 왜냐하면, 요시모토흥업은 '기업과 개인의 논리'가 복잡하게 얽혀있는 조직이기 때문이다. 그러나 개인과 기업이 고용과 피고용의 관계에 있어도 원칙적으로는 대등한 존재다. 왜냐하면……이라는 식으로 생각하는 방식이다.

한편, '수평적 사고'에 대해 이야기해보자. 이것은 닮은 구조의 이야기를 찾아서 공통점이나 차이점을 찾아 논의하는 스타일이다.

광고 크리에이터도 암거래 영업을 하는 경우가 있다. 예를 들면 기업에 소속된 디자이너가 기업을 통하지 않고 친구 회사의 부탁을 받아 일을 하는 것과 같은 패턴이다.

다른 사례를 보면 요즘은 유흥 사업도 암거래 영업이 매우 흔하다. 유흥주점에서 파견된 여성과 손님이 메신저 애플리케이션을 통해 연락을 주고받고 그다음부터는 직접 스폰서 관계로 거래를 이어가는 형태가 늘어나고 있다고 한다.

이 문제의 근본은 모두 똑같은데 바로, SNS 발달로 조직이 관리하기 힘든 인간관계나 예측 불가능한 비즈니스 모델이 생겨난다는 것이다.

즉, '수직적 사고'는 어떤 현상을 세로로 파고들며 생각해보는 것이며, '수평적 사고'는 그 현상과 닮은 사례를 들어 공통점과 차이점에 대해 생각해보는 것이다.

이미 내가 여러 번 언급한 듯하지만, 이때 중요한 것은 자신의 시각을 명확히 해두는 것이다. 자신의 시각이 뚜렷하면 이것이 시발점이 되어 수직적 사고를 하든지 수평적 사고를 하든지 내 안에서 말이 떠오른다. 반대로 말하면, 수직적 사고든 수평적 사고든 자신의 시각이 없으면 아무리 노력해도 개성 있는 제안이나 이야기를 만들기 어렵다.

일본이 자랑하는 래퍼 케이덥샤인은 "랩을 잘하는 놈은 얼마든지 있다. 그래도 결국 살아남는 것은 할 말이 있는 놈뿐이다"라고 말했다.

비유 능력을 기르면

여러 가지 일이 잘 풀린다

나는 다른 사람들에게 예시를 잘 든다는 말을 자주 듣는다.

예시, 즉 비유는 유사 구조를 파악하여 표현하는 수단이다. 따라서 앞에서 나온 '수평적 구조'의 핵심이다. 어떤 현상의 '구조'를 파악하여 그와 닮은, 아니면 똑같은 구조의 이야기를 가져온다. 이야기를 전혀 다른 분야에서 가져온다면 더욱 재미있다.

예를 들어, 뉴스픽스 오치아이 요이치의 프로그램 〈위클리 오치아이〉에 나갔을 때, 오치아이 같은 천재가 있는데 그 방송 구성은 그의 실력을 그다지 발휘하지 못하게 하고 있다는 느낌을 받았다. 관객이나 제작진에게 너무 신경 쓴 나머지 그가 진심으로 느낀 것이나 최신 연구 이야기를 못 하고 있었다. 그래서 나는 "이건 마치 밥 샘(미국 미식축구 선수-옮긴이)에게 게이트볼을 시키는 것과 비슷하잖아"라고 말했다. 비교적 힘이 센 사람에게 움직임이 작은 경기를 시키고 있다는 의미에서였다. '힘이 센 사람 = 밥 샘', '힘을 발휘하지 못하는 경기 = 게이트볼'이라는 식으로 각각 '수평화'해보았다.

구조를 파악하고 그 구조와 같지만 가능한 한 동떨어진 사례를 찾아내는 것, 이 두 가지 조합이 '비유력'인 것이다.

어떤 사람이 상대방을 화나게 하고 이는 상당히 실례라는 것을 전할 때 '간디라고 해도 펄쩍 뛰며 한 대 칠 만한 수준'이라는 유명한 비유가 있다. 화내지 않을 법한 사람을 화나게 할 정도의 실례라는 구조를 파악하여 다른 방식으로 표현한 것이다.

예를 들어, 이야기를 잘하는 사람은 '구조 파악'도 잘하지만, 이와 더불어 독자적인 유머센스를 가지고 수평적 사고와는 다른, 거리감이 있는 예시를 드는 것을 잘한다.

일상 대화에서 재치 있고 독창적인 사례를 거침없이 쏟아내면 알기 쉬운 설명이 된다. 그뿐만 아니라, 나만의 독자적인 센스나 어떤 가치관을 가졌는지를 내가 든 예시를 통해서 상대방에게 실감 나게 드러낼 수 있다.

게다가 TV 광고를 만들 때도 구조가 같은 다른 이야기를 바꾸어 넣으면 재미있어지는 경우가 많다.

개그맨이나 만담가도 실은 이야기의 예시 구조를 사용하는데, 원래 이야기를 너무 동떨어진 것에 비유하거나 살짝 핀트가 어긋나게 연결하는 방식을 많이 사용한다.

무분별한 사대주의 행동을 풍자한 콩트로 유명한 타카 앤드 토시의 유행어 '여기가 서양이야!?'와 난카이 캔디즈 야마짱의 유행어 '쟈니스(일본의 유명 연예기획사-옮긴이)에 대해 이야기하는 것처럼 흥분해서 가지 이야기를 하네'처럼 그저 채소의 일종인 가지처럼 지루한 소재를 열정적으로 이야기하는 모습에 빗대어 표현한 것이 그 예다. 이는 비유가 훌륭할 뿐만 아니라 덜 공격적이면서도 웃음의 포인트를 극대화한 패턴이다.

실제로 회사나 가정에서 약간의 의견 차이가 발생하여 반론할 때도 '그건 좀 다르다고 생각한다'라는 강한 어조보다는 '당신이 말하는 건 마치 F1이 변두리를 달리는 것 같다'든지 '(전에는 다른 말을 해놓고) 8월 오키나와 날씨처럼 변덕이 심하네'처럼 비유하여 반론을 이야기하면 보다 부드러운 인상이 되고 말을 한 사람도 기분이 편해진다.

하드보일드 탐정소설가로 유명한 레이먼드 챈들러는 작품 속에서 주인공에게 "강하지 않으면 살아갈 수 없고, 부드럽지 않으면 살아갈 자격이 없다"는 말을 남겼다.

말로 표현할 수 없는 것을

말로 표현하려는 노력이야말로

비즈니스다

광고 일의 가장 큰 특징은 모든 것을 말로 표현해야 한다는 것이다. 광고는 예술이 아니다. 클라이언트가 있고 그들이 이해하지 못하면 아무리 재미있는 아이디어라도 세상에 나올 수 없다. 그러므로 모든 의사 결정 과정을 클라이언트에게 설명할 수 있어야 한다. 디자인할 때도 '어쩐지 멋지네', '어쩐지 노란색이 좋은데'라는 것은 있을 수 없는 일이다. 어째서 멋진지, 어째서 노란색이 좋은지를 말로 표현할 수 있어야 장사가 된다.

그리고 이런 상황은 어떤 업계더라도 존재할 것이다. 왜 이렇게 했는지 질문했을 때, '아니, 그건······'이라고 우물쭈물하며 잘 대답할 수 없었던 경험이 적지 않을 것이다.

그러나 이에 대해 불평하면 안 된다. 큰일일수록 그만큼 많은 돈과 많은 사람의 시간이 사용된다. 그러므로 이유를 물으면 말로 확실히 설명해야만 하는 것이다.

예를 들어, 상사에게 '왜 이 가게에서 이 상품을 먼저 팔아야 한다고 생각했나'라는 질문을 들었을 때도 '어쩐지 그러고 싶어서'라고 끝내는 것이 아니라, 말로 표현해야 한다. 왜 그렇게 생각했는지, 직관을 파고들어서 기억과 감정을 떠올려보자.

'비슷한 상권의 가게 중에 비슷한 타사의 상품이 인기리에 팔렸던 적이 있어서', '패키지 느낌이 가게 디자인과 어울리고 돋보일 듯해서 고객이 선택할 것 같다고 생각했으므로' 등과 같이 인생의 경험이나 과거의 기억을 총동원해서 무언가 떠오르면 입 밖으로 꺼내면 된다. 데이터 정리는 그다음부터다. 원래 데이터 분석도 우선 '촉'이 없으면 방대한 시간이 걸릴 뿐이다.

언어화 훈련을 쌓아나가면 순식간에 답을 도출하는 연동신경과 같은 '직관'이 습관화된다. 어떤 사태를 보고 갑자기 '이런 것'이라고 어림잡아 맞출 수 있게 된다.

물론 그런 직관은 매우 중요하다. 그리고 경험상 거의 '직관이 답'이다. 불필요한 평계가 없다는 가정하에, 순수하게 사태의 본질을 파악하고 있을 때가 많다. 언어화할 수 없기에 직관은 강력하면서 올바르다.

그러나 비즈니스 현장에서 '직관입니다'라고 말해도, 천재나 거장이 아닌 이상 주위 사람들을 이해시킬 수 없다. 직관이라는 것은 지금까지의 인생에서 경험한 다양한 가치 판단의 축적이며 뇌를 총동원해서 가장 빠르게 낸 결론이다. 그 사람의 과거 경험을 모든 각도에서 보고 판단한 것이다. 그 '직관'이라는 뇌의 판단에 언어를 따라 붙일 필요가 있다. 주변에 설명하기 위해서 언어를 덧붙이는 작업이 필요하다.

'직관은 직관이니까, 어쩔 수가 없잖아'라고 말하면 안 된다.

직관은 말로 표현할 수 있다. 그렇게 믿는 것부터 시작하자. 그리고 직관을 말로 표현하는 노력이야말로 '비즈니스'다. 말로 표현해서 허락을 받거나, 다시 현실화하는 가능성을 만들기도 한다. 말로 할 수 없는 것을 말로 표현하므로 돈을 버는 것이다. 물론 감동하는 것이 가장 중요하지만, 그다음에 해야 하는 말하기 위한 노력을 포기한다면 그건 사고의 태만이다.

정보의 파편을 모아서 논리를 만든다. 이것이 바로 비즈니스이자 돈이 되는 과정인 것이다.

"논의할 여지가 없다니 말도 안 된다. 세상에는 논의할 여지뿐이다." 수험생 시절, 학원 선생님에게 배운 말이다. 당시, 아이돌의 수영복 화보를 볼 때 가슴에 눈이 먼저 가는지 엉덩이에 눈이 먼저 가는지에 대한 논의를 하고 있었다. 물론 이 논의가 인생에 아무런 도움이 되지 않는다는 것은 논의할 여지가 없다.

느낀 것을 얼마나 말로 표현할 수 있는가?

말은 '도구'일 뿐이다. 언어화는 인생을 조금이라도 생각대로 살기 위한 '수단'이다.

예를 들어, '누군가를 좋아한다'는 것은 말로 표현하기 힘들다. 직관이거나, 지금까지의 인생을 통틀어 느끼는 '인생의 사건 같은 것'이다.

그저 '직관적으로 좋다'는 사실만으로는 사람의 마음을 움직일 수 없고 이해시킬 수도 없다.

그러므로 그 직관을 사람에게 전달하고, 사람의 행동을 바꾸거나 사회에 통용시키기 위해서 우리는 말을 익힌다. 물론 그 직관을 말로 100퍼센트 표현하는 것은 불가능하다. 그러나 사회에서 이를 구현하기 위해 그래도 사람들에게 말한다.

말로 표현한다는 것은 생각이 현실을 따라잡아 넘어설 수 있는지 실험하는 것이기도 하다. 이런 것을 우리는 항상 머릿속에서 시도하고 있다. 너무 대단하다고 할 수밖에 없다.

직관이나 '말로 표현하기 힘든 감상'은 실은 말 따위보다 훨씬 더 중요한 것이다. 반대로 말하면 그 말할 수 없는 것을 말로 표현하기 위해서 말이 있는 것이다.

'그 사람과 꼭 일해보고 싶다'고 직관적으로 생각했다고 하자. 이는 직관이다. 5분, 10분, 얼굴을 보면서 이야기한 것만으로 '이 사람과 일해보고 싶다'고 무작정 생각할 때가 있다. 그 이유는 말로 표현하기는 어렵다.

그냥 '아, 뭔가 좋은 것 같아요'라는 말로만 표현하면 상대방이 알아주지 않는다. 이해하기 어렵다. 그래서 나는 "과거에 실적이 많이 있고, 당신이 말하는 내용과 내 생각이 일치하며, 당신이 의견을 수용하는 방식이나 말을 하는 방식이 훌륭하다고 생각하므로 꼭 함게 일하고 싶습니다"라고 말한다. 전부 정답이지만 전부 거짓이기도 하다. 엄밀히 말해 정말 그런지는 알 수 없다. 사람은 의외로 자신을 잘 모른다.

그러나 그때 그 시점에서의 직관을 말로 할 필요가 있는 것이다. 만약 그렇게 말할 수 있다면, 눈앞의 그 사람은 상대가 얼마나 자신을 생각하는지 알아줄 것이고, 만약 말하지 못하면, 그냥 알게 된 사람 중 한 명으로 그칠 것이다. 직관을 증명하고, 직관을 행동화하고, 직관을 사회화하기 위해 말이 있다.

그때 그 자리에서 느낀 것을 얼마나 정중하게 말로 표현하여 다른 사람에게 전달할 수 있을 것인가? 직관은 100퍼센트 정확하게 말로 표현하기 어렵다. 그러나 그 100퍼센트 정확하지 않은 말을 겸허하게나마 표현할 수밖에 없다. 말이야말로 우리가 가진 단 하나의 무기다. 말없이 세상과 대치하는 것은 엄두도 못 낼 일이다.

'엄청나게 두려워하라, 그리고 그것을 실행하라.' 세계에서 가장 잘나가는 광고 크리에이티브를 개발하는 버거킹 크리에이티브 팀의 슬로건이다.

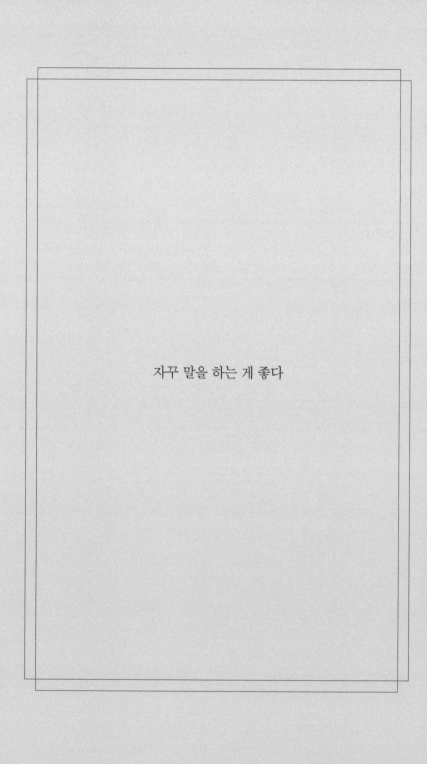

자꾸 말을 하는 게 좋다

조금 과격하게 표현했을지도 모르지만, 지금까지 생각을 언어화하기 위한 기술을 이야기했다. 그러나 궁극적으로는 우선순위가 무엇인지를 생각하는 것보다 우선은 고민하지 않고 자꾸 말해보는 것이 좋다. 질은 양에서 나온다. 그 반대는 없다.

생각을 말로 표현하는 작업은 프로의 작업이다. 머릿속에서 만들어진 번쩍임이나 순간적인 정보의 단편을 붙잡고 멈춰 서서 고민하면 전체적인 흐름을 타기 힘들다.

어차피 말이란 나온 순간부터 사라져가는 것이다. 그러므로 겁내지 말고 자꾸 밖으로 꺼내버리면 된다. 말은 생겨난 순간부터 세상에 새겨진다. 아무도 듣는 사람이 없더라도 세상의 어딘가에서 그 말이 생겼다는 사실은 남는다.

회의든 뭐든 아무것도 이야기하지 않는 것은 죄다. 여러 번 말하지만, 누구나 남과 다른 시각을 가지고 있다. 필요하니까, 누군가에게 평가받아야 하기 때문에 그 자리에 있는 것이다. 말을 해야만 한다. 그것은 때로는 권리가 아니라 의무다.

예를 들어, 한 시간 동안 서로 아이디어를 나누는 브레인스토밍을 한다고 치자.

이때, 신입들에게 '그건 완전히 틀렸다'라는 식으로 말하는가? '너의 그 의견 때문에 지금 이 아이디어는 틀렸다는 걸 알았다'라는 식으로 말하는가? 비록 아이디어가 적절하지 않았다고 해도 지금 이야기하고 있는 무한한 가능성 중 한 가지 가능성이 줄어든 것일 뿐이다. 그러므로 아이디어를 말하지 않고, 공유하지 않는 것은 브레인스토밍에 있어서 '죄'에 속한다.

'해봤는데 잘 안 됐다'고 말하는 것은 진보다. 그러면 무한한 가능성 중에서 한 가지 선택지가 줄어들기 때문이다. 광고대행사에서 신입 카피라이터는 100개 이상의 아이디어를 내는 것이 일반적이다. 이는 '100개의 정답'을 찾는 것이 아니라 '틀린 것은 틀린 것이다'라는 것을 확인하기 위해서 말로 표현하는 것이다.

최종적으로는 가장 처음 낸 1안이 정해지는 경우가 대부분이다. 회의하다 보면 '이거다!' 하고 모두가 생각하는 순간이 있다. 그래도 100가지 아이디어를 써보는 것에는 의미가 있다. 그 100가지 안중에 정답이 없어서 안심하고 세상에 모두가 공감하는 1안을 선보일 수 있기 때문이다. 이것이 프로와 아마추어의 차이인 것이다.

광고 일에서 자주 사용하는 말이 '이건 한 번 검토를 위해 만들어봐'이다. 여기서 검토란, 예를 들어 로고의 색을 정할 때, 모두가 '파랑이 좋은데'라고 생각해도 다른 색으로 만드는 것이다. 이때 중요한 것은, 파랑이 좋다고 생각하면서도 한 번 더 손을 움직이는 것이다. 시부야 109(시부야에 있는 랜드마크 상점 빌딩-옮긴이)에 생리대를 게시하여 커다란 화제가 되었던 패션지 『슈푸르』의 창간 30주년 기념 광고 때도 카피는 신입 카피라이터가 메인이 되어 매우 열심히 고민했다. '시대는 언제나 당신으로부터 변한다', '당신의 시대가 온다', 'Just Be Yourself' 등 다양한 아이디어 중에서 아무리 생각해도 '시대는 언제나 당신으로부터 변한다'가 와닿았지만, 그 '아무리 생각해도'를 뒷받침하기 위해 다른 아이디어를 언어화한다. 이런 검토가 중요한 것이다.

잠깐 이야기가 다른 길로 빠졌는데, '옳다, 그르다'는 제쳐두고 계속 말로 표현하면 된다. 그러다 보면 '이거다!' 싶은 말을 반드시 찾게 될 것이다.

말이 서툴더라도 뭐든 좋으니까 자꾸 표현하는 것이 좋다.

어쨌든 양이 뒷받침되어야 질이 높아지는 것이다. 골프도 연습 삼아 볼을 많이 쳐야 좋은 스윙을 할 수 있다. 카피라이터도 100가지 안, 1,000가지 안을 써보면서 좋은 카피가 뭔지 알 수 있게 된다.

틀린 적 없는 사람이 성장하는 일은 없다. 틀린 횟수가 그대로 성장 계수로 바뀌어간다. 그러므로 틀린 아이디어라도 자꾸 내야 한다.

에디슨도 "나는 실패한 것이 아니다. 단지 효과가 없는 만 가지 방법을 발견한 것뿐이다"라는 유명한 말을 남겼다.

내가 한 말이 아니라

인용이라도 좋다

'말로 표현한다'고 하면 자신의 독자적인 말을 해야 한다고 흔히 생각한다. 자신의 말로 이야기하라는 말을 자주 듣는데, 말로 벌어먹고사는 나조차도 자신만의 말로 이야기하는 것은 어렵다.

대체 '나만의 말'이란 무엇인가? 그것은 스스로 생각한 표현만 말하는 것도 아니고, 독창성 있고 흔하지 않은 말이라는 의미도 아니다. '고마워', '사랑해', '힘낼게' 등은 전부 흔한 말이지만 상황이나 심정에 따라 나만의 말이 될 수도 있다. 즉, 나만의 말이란 자신의 생각에서 탄생한 말이다. 이것이 나만의 말이 될 조건은 단 한 가지, 이 말을 내가 믿을 수 있는가를 충족시키기만 하면 된다.

나는 나만의 말을 만들어낼 때 '샘플링'을 하는 경우가 많다. 누군가의 말을 인용하는 것을 '샘플링'이라고 하는데, 나는 위인의 명언을 많이 인용한다. 문맥을 바꾸어 과거의 말을 지금 활용하는 것이다.

말이라는 것은 문맥과 누가 이야기하느냐에 따라 의미가 완전히 달라진다. 예를 들어, '뚱뚱해도 괜찮아'라는 말을 마른 사람이 하는 것과 뚱뚱한 내가 하는 것은 완전히 의미가 달라진다. '평화가 제일이다'라고 우리가 말하는 것과 전쟁을 피해온 난민이 말하는 것은 그 무게가 달라진다.

자신의 위치와 말을 엮는 것으로 의미가 전혀 달라지는 것이다. 따라서 반드시 '나만의 독창적인 표현'이어야 할 필요는 없다.

내 안의 욕구와 이상을 표현하고 현실화하기 위해서 '말'이 있다. 말로 표현하지 않으면 단순한 표면상에 머무를 뿐이다. 욕구와 이상을 사회에서 실현하기 위한 수단으로써 말이 있는 것이다.

원래 말이라는 것은 '조합'이다. 완전히 새로운 말을 만들어내는 것은 불가능하다. 새롭게 보이지만 모두 지금까지의 말을 조합한 것이다.

따라서 말을 능숙하게 다루기 위해서는 말을 모아놓는 것이 효과적일 것이다. 조합하기 위한 '소재'가 말을 모아감에 따라 늘어난다.

나는 회사원이 된 뒤부터 계속 '명언 메모'를 써왔다. '이건 좋다'고 생각한 것은 바로 메모를 한다.

말을 수집하면 지식이나 감정의 층이 두터워진다.

최근에는 따로 메모를 쓰기보다는 트위터를 활용하는 일이 많아졌다. 회의 중에 내가 한 말이나 좀 더 생각할 사안은 트위터에 게재하는 것이다. 이는 말이 알려지길 바라는 목적보다는 생각을 메모하기 위함이다.

트위터에 씀으로써 정보의 바다에 방류하면 생각지도 못한 반응이 있을 때가 있다. 덕분에 내 생각이 더욱 발전하기도 한다. 메모를 SNS상에 공개하면, 다른 사람의 생각이 접목되어 더욱 깊이 있는 말이 된다.

하쿠호도 케틀의 공동 대표 시마 고이치로는 "아이디어를 방목하라"고 말한다. 즉, 말의 '씨앗'을 머릿속에 흩뿌려놓으라고 한다. 그러면 나중에 제멋대로 조합되어 재미있는 아웃풋이 나온다는 것이다.

어휘력도 필요 없다

언어화가 중요하다고 하지만 '창출하다', '양성하다', '소구하다' 같은 익숙하지 않은 말을 사용할 필요는 없다. 젊은 비즈니스맨이 쓰는 기획서에 자주 이런 거창한, 평소 대화에서는 절대 사용하지 않을 어려운 말이 마치 정형화된 어투처럼 사용되고 있다. 이런 말이 사람의 마음을 움직이지는 않는다. '인수분해' 하지 않은 그대로의 말, 쉽게 표현하자면 빌려 쓴 말이기 때문이다. 일부러 이런 말을 쓴 신입사원에게 창출한다는 단어를 선택한 이유는 무엇인지, 만들어낸다고 쓰면 안 되는 것인지 물었을 때 이해할 만한 답을 들은 적이 없다.

　중요한 업무 현장에서도 평소에 쓰지 않는 말을 갑자기 사용하면 이상하다. 예전에 하쿠호도에서 과자 광고를 만들 때 선배 플래너가 기획서에 '현대 사회에 맞는 초콜릿 파이의 새로운 가치를 창출한다'라고 당당하게 써서 웃음이 터져 나온 적이 있었다. 초코파이에 그런 커다란 가치를 부여해서 어찌할 것인가? 그저 '초코파이를 평소에 먹지 않는 사람도 먹도록 만들자' 정도의 느낌이라도 충분할 것이다(오히려 이렇게 말하는 편이 이미지가 구체적으로 형상화되어 팀원이 이해하고 움직이기 쉽다).

젊을 때는 특히 이런 머리가 좋아 보인다고 생각되는 말을 사용하게 된다. 능력에 맞지 않는 무리한 표현을 사용하는 것이 티가 나는데도 불구하고 말이다. 이런 표현은 회사 상사에게 제출하는 프레젠테이션 자료에서도 자주 발견된다. 일반인의 감성으로 보았을 때 이런 말이 쓰인 것을 보면 오히려 사고가 정지된 상태임이 눈에 훤히 보인다.

만약 당신이 이런 말을 사용하거나, 또는 상사의 입장에서 이런 말을 사용하여 자료를 제출한 신입을 보면 양성이라는 단어를 꼭 써야 하는지, 소구란 어떤 의미인지, 그냥 전한다고 쓰면 안 되는지 물어봐야 한다. 정말로 정확하게 생각해서 '소구'라는 단어를 사용했다면 전혀 문제는 없다. 깊이 생각해봐도 '소구'라는 표현이 좋다는 확신이 있다면 이로써 충분하다. 하지만 아무 생각 없이 주변에서 사용하고 있으니 자신도 의미를 모르는 말을 사용하는 것은 위험하다. 세상도, 나도, 아무것도 보이지 않는 바보라는 증거다.

'양성', '소구', '창출'이라는 어려운 단어를 사용하기보다 자신이 자주 사용하는 단어를 조합해서 말하는 편이 좋다. 정확하게 '말의 인수분해'를 하면 자연히 그렇게 될 것이다.

20세기 일본을 떠받친 교세라 창업자이자 위대한 경영가인 이나모리 가즈오는 "바보인 놈은 단순한 것을 복잡하게 생각한다. 평범한 놈은 복잡한 것을 복잡하게 생각한다. 똑똑한 놈은 복잡한 것을 단순하게 생각한다"고 말했다.

말이 정리되지 않을 때는

말하기 포맷을 사용한다

'말하기 포맷'을 준비해두면 회의나 협상 현장에서 바로 말을 할 수 있을 것이다.

내 경우에는 어떤 것을 설명할 때도 '세 가지가 있습니다'라고 말한다. 예를 들면 '이번 승부에서 이기기 위한 포인트는 세 가지가 있는데……', '당신과 동거하는 장점은 세 가지가 있는데……', '이번 업무의 어려운 점은 세 가지가 있는데……'처럼 말이다.

처음에는 이렇게 말하는 방식이 똑똑한 척하는 느낌이라 부끄럽지만, 계속하다 보면 자연스럽게 할 말을 세 가지는 생각하는 버릇이 생긴다.

세 가지를 생각해내지 못했더라도 처음에 '세 가지가 있다'고 말하는 것이 비결이다. 인간의 뇌는 강제하는 것에 약하며, 자기 암시에 순순히 따르는 경향이 있으므로 앞서 언급한 것처럼 말하면 세 가지를 어떻게든 쥐어짜 낼 수 있게 된다. 속는 셈 치고 한 번은 시도해주길 바란다.

또한 아무리 노력해도 세 번째가 생각나지 않을 때는 '……세 번째는, 첫 번째와 두 번째를 어떤 때라도 지켜내는 것입니다'라거나 '……세 번째는, 첫 번째와 두 번째를 정말 중요한 시점에는 무시하는 것입니다'라는 패턴을 사용해 표현하면 된다.

'결론부터 말한다'는 말도 포맷 중 하나다. '당신은 이렇게 생각하고 있으며, 여론은 이렇다고 말하는데 그래서……'와 같은 방식으로 이야기를 시작하면 '이 사람은 무엇을 말하고 싶은가?'라는 인상을 남기기 쉽다. 먼저 '나는 이렇게 생각합니다'라고 확실히 말해보자. 그다음에 이유와 예를 들면 된다.

'반대로'라는 표현도 자주 사용한다. 예를 들어, '이번 TV 광고는 아이들이 타깃이니까 어린아이 취향의 연예인을 쓰는 게 좋을지도 몰라'라는 말을 들었을 때, '그럴싸하네요. 하지만 반대로 애니메이션이라는 선택지도 있어요' 같은 말을 한다. 논리상으로는 완전히 '반대'가 아닌 경우도 많지만, 내 아이디어를 말할 때 사용하는 수식어와 같은 역할을 한다.

제 2 장

인상에 남는 말을

만드는 방법

인상에 남는 말을

어떻게 만들 것인가?

나는 직업 특성상 임팩트가 있는 '강력한 말'을 잘 만들어낸다. 랩의 세계에서는 기억에 남으며 감정을 움직이는 강력한 키워드를 '펀치라인'이라고 한다. 나는 트위터나 강연회에서 자주 이 말을 사용하는데, 요즘은 비즈니스 업계에서도 사용하고 있는 듯하다. 래퍼가 아니지만 우리는 일이나 생활에서 어떻게 펀치라인을 만들고 활용해야 할까?

우린 래퍼가 아니므로 일정 단어를 반복하며 반복된 리듬을 타거나 상대를 매도할 필요는 없지만, 그래도 상대에게 강한 인상을 남기고 상황을 단숨에 바꾸는 단 한 줄의 강력한 말을 손에 넣는다면 일과 인간관계가 좋아질 것은 분명하다.

나는 직장에서 기획서를 쓸 때, 사람들에게 편지나 메시지를 보낼 때, 그리고 미디어 취재에 응할 때 항상 펀치라인을 남기기 위해 의식적으로 노력한다.

인터넷 기사나 트위터에서 이른바 바이럴이 될 만한 내용으로 만들기 위해서 내가 기본적으로 신경 쓰는 것은 다음 네 가지다.

- 짧고 단순한가?
- 의외성이 있는가?
- 배울 점이 있는가?
- 내일부터 바로 할 수 있는가?

예를 들어 인맥에 대해 인터뷰를 할 때, "만나고 싶은 사람일수록, 내가 먼저 만나러 가면 안 된다"고 짧고 간단하게 답했다. 이 한 줄이 표제어가 될 것이며, 아마도 꽤 열람 수가 올라갈 것임을 나는 알고 있었다.

이에 대해 조금 더 설명하자면, 우선 강력한 포인트로서 일반적으로 알려져 있는 교훈과는 반대로 말했다. 이는 의외성이 있다. SNS가 생긴 뒤 동경하는 사람이나 존경하는 업계의 거물과 연결되기 쉬워졌다. 그런 사람은 내가 만나러 가서 접점을 만드는 편이 좋다는 분위기가 형성되어 있으나, 내가 한 말은 상대방에게 장점이 있는 인물이 되어 그쪽에서 나를 먼저 만나고 싶어 하도록 해야 한다는 의미다. 마지막으로는 배울 점이 있을 뿐만 아니라 바로 내일부터 실행할 수 있는 것처럼 말하는 것이다. 게다가 이해하기 쉽고 운율도 좋게 정리되어 있다. 자연스럽게 말한 것처럼 보이지만, 실은 이런 점까지 계산해서 말을 한 것이다.

강연이나 회의, 가벼운 미팅이라도 '강력한 말'을 사용하려고 의식적으로 노력하면 결과가 바뀐다. 그런 말은 어떻게 만들어내는 것일까?

앞에서 간단한 네 가지 포인트를 소개했지만, 여기서는 보다 본질적인 이야기를 하고 싶다. 이것도 포인트는 네 가지다.

첫 번째는 '상급자의 시선으로 생각하는 것'이다.

내가 사원이면 부장의 시선으로, 내가 부장이면 사장의 시선으로 한 단계 위의 입장으로 생각해보는 것이다.

예를 들어, 평사원인 당신이 회사에 가기 싫다고 생각했다고 하자. 이때 평사원으로 말하는 것이 아니라 사장의 시각에서 생각해본다. 그러면 우리 회사의 문제는 사원이 회사로 출근하는 것이 즐겁지 않다고 생각하는 것이 된다.

게다가 주어를 회사로 하면 좀 더 말에 힘이 생긴다. '이 회사는 오고 싶은 장소로 각인되어 있지 않다.' 어떤가? 내 시각을 상급자의 시각으로 바꾸면, 개인의 일이 아닌 더욱 큰 기업이나 사회의 이야기가 된다. 사람들은 당신의 개인적인 기분에는 관심을 가지지 않지만, 사회나 당신이 근무하는 회사에는 관심을 가질 것이다.

두 번째는 '영역을 넓히고 일반화하여 생각하는 것'이다.

예를 들어, 독자 모델을 하는 친구들이 인스타그램 DM으로 성희롱을 당해서 고생했다는 이야기를 들었다고 하자. 이 사건을 영역을 넓혀서 일반화해본다. '여자인 친구'를 '여성 자체'로, '인스타그램'을 '인생'으로, 'DM으로 성희롱'을 '악의'로 넓혀서 생각해보는 것이다. 그러면 '사실 세상의 모든 여성은 살아있다는 것만으로 악의에 노출된다'는 말이 된다. 친구가 겪은 개인적인 체험이지만 대상을 넓혀 생각해보면 매우 강력하게 들린다. 사회를 대상으로 말하는 것이기 때문이다.

혹은, 지금 근무하고 있는 악덕 기업을 그만두고 싶다는 상담을 받기도 한다. 그에게 '그곳에서 일하는 건 힘들지. 그래도 최선을 다해 일한 경험이 없으면 그 기업의 조직 분위기가 나쁜 건지, 그 업종이 너에게 안 맞는 건지 알 수 없으니 이직할 곳을 고를 때도 고민하고 또 같은 실패를 해서 같은 상황에 부닥치게 되진 않을까?'라는 의미의 대답을 했다고 하자. 이때 악덕 기업과 본인이 일하는 자세와 이직에 대한 시각을 일반화해보면 '최선을 다했을 때만 실패해도 앞으로 나아갈 수 있다'는 펀치라인으로 집약되는 것이다.

세 번째는 '반대로 말하는 것'이다.

예를 들어, 모두 '인맥이 중요하다'고 말할 때, '인맥이라는 말을 사용하는 놈은 엉터리다'라고 말하면 이는 명확히 반대된다. 인맥이 중요하다는 것은 누구나 아는 사실인데 굳이 '인맥은 엉터리'라고 표현해서 충격적인 말을 하는 것처럼 인상을 풍긴다.

철저하게 소수의 입장에서 굳이 반대로 말한다. 'SNS로 세상이 넓어지고 있다'고 모두 말하지만 'SNS는 세상을 좁힌다'고 말하면 강력한 말이 되고 기억에 남는다. '왜?'라는 의문을 가지며 주목한다. 또 이에 관한 토론이 탄생한다. 물론 뭐든지 반대로 말하면 되는 것은 아니다. '인맥은 엉터리'라는 말의 이면에는, 연결되어 있다는 것에만 가치를 두면 본인의 성장에 있어서는 의미가 없다는 진의가 숨겨져 있다. 'SNS는 세상을 좁힌다'는 말의 이면에는, SNS는 누구나 연결할 수 있는 시스템이지만 실제로는 아는 사람이나 흥미가 있는 사람들만 연결되어 있으므로 결과적으로 세상을 좁게 만드는 데만 이용되고 있다는 복잡한 의미가 숨겨져 있다. 이처럼 정말로 말하고 싶은 의미를 전하기 위해서, 먼저 반대되는 강한 메시지를 주는 것은 매우 효과적이다.

네 번째는 '**목표로부터 반대로 생각해보는 것**'이다.

그 무엇보다 사람들이 모르는 세상의 진실, 본질적인 것을 정확하게 말하면 이는 당연하게도 강력한 말이 된다. 본질을 생각하기 위한 포인트는 목표로부터 반대로 계산해보는 것이다.

'신R25'라는 인터넷 매체 기사의 인생 상담 코너에서 '술을 못 마시는데 광고 업계에서 일하고 싶습니다. 어떻게 하면 좋을까요?'라는 질문을 받았다. 확실히 '술을 못 마시면 광고대행사에서 출세하기 힘들다'는 이미지가 있다. 술자리에서는 술을 마시는 편이 주변 사람들에게 좋은 인상을 주고 술을 못 마시면 재미없다는 취급을 받는 상황도 생긴다.

나는 술을 마실 수 없으면 그것 말고 다른 재미있는 점을 보여주면 된다고 대답했다. 또는 술을 마실 수 없다는 점을 무기 삼아 '술을 마실 수 있다니 부럽습니다'라든지 '술 마시는 것을 동경합니다'라고 대범하게 말하면 된다고 했다.

'인상에 남는 말'을 어떻게 만들 것인가?

① 상급자의 시선으로 생각한다

이 회사는 오고 싶은 장소로 각인되어 있지 않다 = 회사나 사회적인 주제로 변하여 흥미로워진다

회사에 가기 싫다 = 개인의 기분을 말하는 것이므로 관심을 받지 못한다

---

② 영역을 넓히고 일반화하여 생각한다

 →

여자인 친구　　　　　　　　여성 전체

인스타그램 → 인생
DM 성희롱 → 악의

여자인 친구가 인스타그램 DM으로
성희롱당했다(개인의 경험)

↓ (일반화)

세상의 모든 여성은 살아있다는 것만으로
악의에 노출된다(모든 여성의 이야기)

---

③ 반대로 말한다

SNS로 세상은 넓어진다 ⟶ SNS는 세상을 좁힌다

---

④ 목표로부터 반대로 생각해본다

'술을 마셔라'라는 행위의 목표는 무엇인가? ⟶ 무리했으면 좋겠다
⟶ 술 말고도 재미나 관계성을 보이면 된다

이런 고정관념에 대해 생각할 때야말로 나는 목표에서 역으로 계산해서 본질적인 가치를 발견한다. 술을 마시라는 사람들이 가진 욕구의 본질은 무엇인가? 이런 경우 사람들이 바라는 진짜 목표는 술을 마시라는 것이 아니라 '무리를 했으면 좋겠다'이다. 광고 업계가 왜 그렇게 술을 마시냐면 무리를 해줬으면 하고 기대하기 때문이다.

　논점에서 벗어난 내용이지만, 조금 더 설명하는 것이 좋겠다. 당신이 만약 방송사의 광고국에 소속된 사람이고 TV 광고 시간대를 판다면, A사와 B사 중 어디에 팔 것인가? 분명 담당자와 사이가 좋은 쪽을 선택할 것이다. 왜냐하면 TV 광고 시간대를 팔 때 비용 자체는 A사도 B사도 똑같기 때문이다. 그리고 여기서 '사이가 좋다'는 애매한 관계성을 어떻게 증명하느냐면 '함께 무리할 수 있는 관계인가, 아닌가?'로 증명하게 된다. 한심하다고 생각하겠지만, 이렇게 무리를 할 수 있는 관계인지 아닌지를 확인하기 위해서 술을 잔뜩 마시는 문화가 생겨난 것이다. 그렇다고는 하나 2020년이나 됐고 쌍팔년도 식으로 구두에 술을 넣어서 단숨에 마시거나, 가게에 술이 없어질 때까지 몇 시간이나 눌러앉아서 마시는 일은 없어졌을 것이다. 그래도 미디어사와 광고대행사의 젊은이가 함께 만나 호쾌하게 강제로 술을 마시면서 유대감을 높이는 방식은 아직도 이어지고 있는 듯하다.

그렇다는 건 목표에서 역으로 생각해봤을 때 '사이가 좋은 것'을 증명할 수 있으면 술을 마시지 않아도 좋다는 의미가 된다. 진짜 목적은 술이 아니기 때문이다. 덧붙이자면 나는 과일 주스가 맛있는 바를 몇 군데 알고 있으며, 만약 2차를 가게 되면 내가 먼저 나서서 이 가게를 가도록 안내한다.

모두 위스키 같은 걸 마실 때 나는 무알콜 수박칵테일이나 딸기 라떼 같은 걸 마시는데, 꽤 맛있다.

항상 '지금 이 상황에서 진짜 목표는 어딘가?'를 생각해야 한다. 그러면 문제의 본질이 보이고, 이에 솔직하게 답하면 자연스레 강력한 말이 된다.

마케팅의 세계에는 '고객이 정말 원하는 것은 드릴이 아니라 구멍이다'라는 유명한 말이 있다. 표면적인 요구를 하나하나 들어주는 것이 아니라 이 상황에서 정말로 원하는 것이 무엇인지, 멈춰 서서 생각해보는 것이 좋을 것이다.

변화의 시대에

상식은 과거의 것이다

문제의 전제를 의심한다

나는 업무상 어떤 기획을 생각할 때 반드시 문제의 전제를 의심하는 것부터 시작한다.

예를 들어, 새로운 카페 프랜차이즈를 만들고 싶다며 젊은 여성이 오고 싶어질 만한 가게를 만들어 스타벅스로부터 고객을 뺏어오고 싶다는 상담이 들어왔다고 하자.

그러면 우선, 카페를 만드는 게 좋을지를 생각한다. 요즘 정말로 젊은 여성이 카페에 가는지를 의심한다. 고객을 뺏어야 할 상대가 스타벅스인지를 의심한다.

클라이언트가 진짜로 원하는 것은 카페를 만드는 것이 아니라 기업으로서 성공하는 것이므로, 이를 위한 최적의 수단이 정말 이걸로 충분한지를 한 번은 정확하게 근본부터 검토해야만 한다.

당신이 의사라고 하자. 환자가 몹시 허둥지둥하며 병원에 들어와 "배가 아파요, 맹장염 같아요, 수술해주세요!"라고 말한다. 이때 통증으로 혼란스러운 환자의 말을 그대로 받아들여서 갑자기 수술 준비를 하는 의사가 있다면 매우 위험한 일이다. 문제의 당사자는 자신을 객관적으로 바라볼 수 없으며 게다가 전문적인 지식도 없다. 아무리 당당하게 자신의 증상이나 문제를 말해도, 이것이 정답이고 그 사람의 문제를 설명할 수 있다는 보증은 어디에도 없다. 그리고 당당하게 말하는 사람일수록 이상하다. 자신의 상처에 도취해 있기도 하다. 사람이라면 누구나 비극의 주인공이 되고 싶어 하는 법이다.

세상의 상식을 의심한다

그리고 고객의 조건보다 더 의심해야 할 것이 있다.

바로 상식이다. 이 세상의 상식. 왜일까? 지금 우리는 인류 역사상 가장 예측 불가능한 변화의 시대를 살고 있기 때문이다. 기술이나 사회의 상식 변화에 대해 좀 더 정리해보자.

- 예를 들면, 5G가 보급된다. 정보의 흐름이 빨라져서 100배, 용량으로 하면 1,000배가 된다. 실시간 VR 중계나 거리에 입체영상을 투영하는 것이 가능해진다. 물론 엔터테인먼트 산업도 변하고 지도를 생각하는 방식도 바뀐다.

- 예를 들면, 자동운전이 상용화되면 시장 규모는 220조나 될 것이라고 한다. 차에서 사는 사람이 생기고 이동하는 주거 방식도 일반화될 것이다. 그렇게 되면 당연히 도시 설계 방식도 근본적으로 변화한다.

- 예를 들면, 블록체인도 일반적인 것이 된다. 도시구획별로 또는 클럽

활동, 아이돌 팬클럽 등이 독자적인 커뮤니티로서 경제권을 만들 수 있다. 돈을 버는 방식이 바뀐다는 것은 기업의 존재 방식도 변한다는 것이다.

- 예를 들면, 일하는 방식도 크게 바뀔 것이다. 2020년에는 일본 인구의 6분의 1, 즉 2,000만 명 정도가 프리랜서 또는 부업 종사자가 된다. 게다가 일본인의 30퍼센트는 고령자가 된다. 지금까지와 같은 사고방식으로 서비스나 복리후생을 디자인할 수 없는 것은 불 보듯 뻔한 일이다.

- 기술, 사회제도, 인구 동태 등과 같은 사회의 커다란 변화로부터 그 누구도 벗어날 수 없다. 모든 움직임이 중첩되어 특정 분야의 전문가 한 사람이 미래를 예측할 수 없다. 피터 드러커는 "미래를 예측하는 가장 좋은 방법은 미래 창조다"라고 말했으나 이는 이미 겉치레나 추상적인 정신론이 아닌 현실적인 각오여야 한다.

변화의 시대에 있어 '상식'이란 '과거'일 뿐이다. 요즘 시대의 변화를 비유하자면, 모두 열심히 '축구'를 하는 와중에 어느새 규칙이 바뀌어 '미식축구'가 되는 상황이다. 그러나 정말 무서운 것은 아무도 규칙의 변화를 알려주지 않는다는 것이다. 이런 시대에는 축구의 규칙이 정말로 지금도 유효한지 의심을 품고 두려워하면서도 공을 손으로 주워서 골을 노리고 뛰기 시작하는 녀석이 혼자 이긴다. 실제로 비즈니스 현장에서 '회의 중에 스마트폰을 보지 말라'는 말을 듣는다. 그러나 이것도 낡은 가치관이다. 집에서는 TV를 보면서도 스마트폰을 보거나 스마트폰을 보면서 요리를 하기도 한다. 원래 우수한 인간의 대명사였던 멀티태스킹이라는 능력이 지금은 모두에게 기본 능력이 된 것이다. 요즘 사람들은 페이스북이나 인스타그램, 라인을 사용하여 한 번에 수백 명의 사람과 커뮤니케이션을 하는 일이 흔해졌다. 그러므로 회의 때 스마트폰을 보는 것으로 집중하지 않는다고 말하기 힘들다.

몇 가지 일을 동시에 유연하게 진행한다고 생각해보면 스마트폰을 회의 중에 보는 것이 합리적이라는 결론에 다다른다. 이미 세상의 '상식'이라는 것은 거의 사용기한이 다한 것이다.

우선은 가벼운 마음으로 이 상식이 지금의 사회에서도 지켜야 할 것인지를 정확히 검증하는 것이 좋다. '정말 이 상식을 지키는 것이 좋을까?'라고 생각해본다. 이메일 서두에 쓰는 인사도 과거의 것일지도 모른다. 이메일을 쓸 때마다 매번 '신세 지고 있습니다'라고 써야 할 필요가 있을까? 나는 명함 교환도 필요 없다고 생각할 정도다. 사용기한이 다한 상식을 따를 필요는 없다. 논리적으로, 솔직하게, 효율적으로, 내 머릿속에서 생각하고 행동하는 것이 중요하다.

세상의 상식이라고 생각되는 것에 대해 반대로 상식과는 다르지만, 오히려 본질적인 것을 제안하면 강력한 말이 된다. 이는 많은 사람이 감동하고 이해할 것이다. 예전에 내가 몸담았던 기업의

10주년 기념 파티에 쓴 카피가 지금 다시 새삼스럽게 생각난다.

"전진하는 사람에게 있어서 현재란 항상 새로운 과거다."

모든 것에 이유를 생각한다

언어화 훈련은, 단순하게 말하면 '왜'를 극대화하는 것이다. 매일 방대한 정보가 당신의 눈앞을 스쳐 지나간다. 동료와의 대화, 업무상 미팅, 출장 중에 보는 광고, 무심코 의식을 뺏겨버리는 SNS, 게임과 인터넷 뉴스……. 회사뿐만 아니라 집에서 멍하니 TV를 봐도 정보의 홍수가 당신을 둘러싸고 있다. 이렇게 되면 인간은 방어기제를 작동시킨다. 각각의 정보에 모두 진지하게 대응하면 뇌가 과부하 상태가 되므로 모든 정보에 관심이 약해진다.

이럴 때 '왜'의 마음가짐을 잃지 않기 위해서 간단한 훈련법을 알려주겠다. 집에서 TV를 보면서 꼬투리를 잡는 것이다.

무대에 선 연예인을 보면서 눈에 띄는 부분이나 신기하다고 생각하는 부분도 있을 것이다. '왜 저 녀석은 재미없어 보이지?', '왜 저 녀석은 의욕이 없지?', '의욕이 없다면 왜 방송관계자는 내버려 두는 걸까?' 등등 말이다. 이런 점을 확실히 꼬투리 잡으면서 어렴풋이 그 이유를 생각해본다.

이렇게 '왜'를 발견해가면서 가설 검증을 반복하면 빠르고 정확하게 생각하는 훈련이 되어 인상에 남는 말을 만드는 체질이 된다.

애플이 사업에 대해 생각할 때 사용하는 골든서클 이론은 단순하게 말하면, '무엇을' 보다 '어떻게' 보다 '왜'부터 생각하는 것이 무엇보다도 중요하다는 것이다.

가능한 한

개인적인 이야기를 한다

현대 사회는 코멘테이터(후기자)의 시대다. 누구나 무언가를 말하고 싶어 한다. 사건이 일어나면 코멘트(후기), 인기 영화를 보면 코멘트, 트위터에서 코멘트, 페이스북에서 코멘트, 노트에 코멘트, 취직 사이트에서도 코멘트, 이직하면 코멘트, 인생의 모든 타이밍에 코멘트를 요구한다. 이것이 좋은지 나쁜지는 나중에 이야기하도록 하자. SNS에 의해 구축된 평가경제와 말의 가치가 높아진 결과로 벌어진 신기한 현상이다. 그러나 코멘트가 필요한 순간은 쉬지도 않고 매일 몇 번이고 생겨난다. 이때 많은 사람이 실패할 수밖에 없는 포인트가 있다. 코멘트를 통해 좋은 평가를 받고 싶어서 덩어리가 큰 이야기, 좋은 이야기, 겉멋 든 이야기를 하게 되는 것이다. 아주 실수하는 것이다.

뭔가 나와 관계없는 사회의 일이나 뉴스, 콘텐츠에 대해 코멘트를 요청받으면 일반적인 이야기가 아니라 가능한 한 개인적인 감상이나 에피소드에 대해 이야기를 하는 편이 좋다.

왜냐하면 어떠한 현상이라도 총론을 말하면 모든 사람의 의견이 같아지기 마련이기 때문이다. 같은 나라에서 같은 시기를 살고 있으므로 그다지 특별한 의견이 나올 일도 없을 것이다. 그러므로 개인적인 이야기를 한다. 과거의 경험이나 자신의 일, 자신의 목표, 자신의 시각에 맞추어 그 상황과 에피소드를 연관 지어 이야기해야 한다. 자신에게는 당연한 일이라도 다른 사람이 보면 특별한 경우가 의외로 많다.

'아들이 넘어졌는데 스스로 일어설 때는 감동했어요'나 '○○가 도시락을 세 가지나 만들어줘서 남은 건 다른 두 명에게 나눠줬는데 그 마음 씀씀이에 감동했어요'처럼 말이다. 철저하게 개인적이고 구체적인 이야기를 해야 한다. 이처럼 내가 말하고 싶은 개인적인 경험과 이야기해야 할 주제에 대한 연관성을 찾아 이야기한다. 결과적으로는 이것이 흔한 일반적인 이야기보다 훨씬 많은 사람의 공감을 살 것이다. 이 책의 서두에서 예로 든 '보육원 떨어졌다, 일본 죽어라' 같은 것이 대표적인 사례다. '보육원 떨어졌다'는 흔하지만, 극히 개인적인 경험이야말로 같은 시대를 사는 많은 사람의 공감을 얻고 큰 반향을 일으킬 수 있는 것이다.

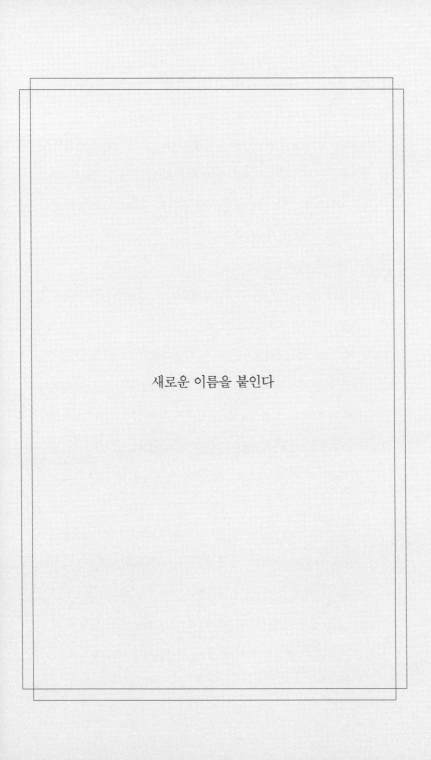

새로운 이름을 붙인다

우수한 작가이자 편집자인 지인이 출판사를 그만두고 독립한 뒤에 업무 진행 방식에 대해 상담을 요청한 적이 있었다.

그때 나는 작가라는 일반적인 직업명을 붙이지 말라는 조언을 했다. 작가라는 말은 조금 가벼운 이미지인데다가 그냥 글 쓰고 끝내는 것이 작가라면 그런 사람들은 어디에나 있다. 자신이 제공할 수 있는 가치를 좀 더 쉽게 첫인상만으로 알 수 있는 이름을 붙이는 게 좋지 않을까 했던 것이다.

광고회사의 크리에이터는 각각 '카피라이터', '디자이너', '아트디렉터', '크리에이티브 디렉터'라는 직함이 있다.

'디자이너'는 문자 그대로 디자인을 하는 사람이고 좀 더 정중하게 말하면 모든 세세한 표현을 최적화하는 사람이다. '아트 디렉터'는 디자이너가 하는 일을 좀 더 통합적으로 하면서 기업 전체 디자인을 총괄하는 사람을 말한다. 이 두 사람 위로는 '크리에이티브 디렉터'가 있어서 광고나 브랜드의 설계 전체를 총괄하고 그 일을 책임진다.

그러므로 디자이너의 상위 개념으로 아트 디렉터가 있는 것처럼, 말의 세계를 통합하는 '워드 디렉터'라는 포지션이나 직종의 명칭이 따로 있어도 좋을 것 같다고 생각했다.

그러면 글을 쓰는 것뿐만 아니라, 어떤 말을 사용해서 세상에 어떤 영향을 미칠지 생각해서 감독하는 사람이라는 새로운 직업이 생긴다. 즉, 세상에 새로운 가치를 만들어내는 것이다.

실제로 블로그 같은 곳에 자신의 생각을 게재하는 것이 비즈니스에서도 개인의 활동으로 중요하게 여겨지고 있다. 이때 무엇이 가치를 만드는가 하면 바로 '언어화'이다.

그리고 이런 개념을 만들기 위해서는 글쓰기뿐만 아니라 언어화의 과정으로써 취재도 가치가 있다는 것을 세상에 알리는 편이 좋지 않겠냐고 조언했다. 결과적으로 지금 그는 단순히 작가나 편집자의 일만 하는 것만 아니라, 경영자의 인터뷰를 기반으로 그 생각을 블로그에 대신 적는 일을 하고 있으며 점점 인기를 얻고 있다. 그래서 내가 일을 부탁하기 힘들어진 것은 아쉬운 점이다.

이렇게 직업에 다른 이름을 붙여서 그 직종의 가치가 넓어지는 일은 의외로 많다.

옛날에는 '독자 모델'로 불렸던 사람들이 지금은 '인플루언서'라고 불린다. 그저 잡지나 인터넷 매체에서 활동하는 모델에 그치지 않고, SNS를 통해서 마케팅에 영향을 주는 사람이라는 의미가 더해졌다.

또 '큐레이터'라는 말도 예전에는 미술관 학예사로 전시회의 미술품을 정하는 일을 하는 사람을 칭했었으나, 지금은 예술뿐만 아니라 엔터테인먼트나 문화 전반에 걸쳐 프로듀서 같은 의미로 사용하는 경우가 많다.

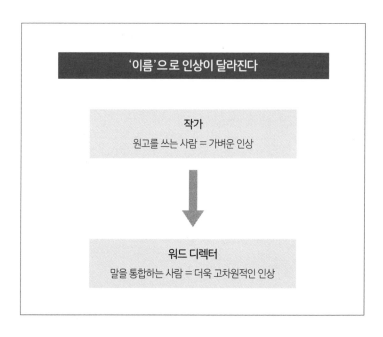

이렇게 직함의 의미는 자유롭게 변하기도 하고 새롭게 생기기도
한다.

기존의 직함에 얽매이지 않고 자신이 하는 업무와 관련된 '가치'
는 무엇인지 한 번 생각해봐도 좋을 것이다. 내가 어떤 직함을 갖고
사회에 가치를 줄지 의식하는 것과 동시에 상대에게 자신의 가치를
정확하게 전달할 수 있게 될 것이다.

『로미오와 줄리엣』에는 "우리가 장미라고 부르는 꽃은 다른 이름으로 불
러도 역시 향기로울 거예요"라는 멋진 말이 나온다.

모두 아는 것과

나열한다

하쿠호도는 덴츠에 이어 일본 제2의 광고대행사다. 내가 이 회사에 있을 때 곰곰이 생각해보았는데, 하쿠호도가 만들어낸 최고의 카피는 '맹렬함에서 뷰티풀로(후지제록스 광고 카피-옮긴이)'도 아니고, '생활자 발상(사람을 단순히 소비자가 아니라 다양화된 사회 속에서 주체성을 가지고 살아가는 생활자로 폭넓게 파악하며 깊이 고찰하여 새로운 가치를 창조한다는 하쿠호도가 만들어낸 개념-옮긴이)'도 아니고, '귀여움은 만들 수 있다(캔메이크 광고 카피-옮긴이)'도 아니고, '수영장, 차갑게 식혀뒀습니다(도시마엔 수영장 광고 카피-옮긴이)'도 아니다. 그럼 무엇인가? 그것은 덴츠와 하쿠호도의 앞글자를 합친 축약어 '덴하쿠'라는 말이라고 생각한다. 일본에서 광고대행사는 이 두 곳이 대표적이라는 인상을 준다.

그러나 실제로 비즈니스 규모로 본다면 덴츠가 10이라면 하쿠호도는 5이며, 3위인 ADK는 3 정도일 것이다. 일반적으로 생각하면 덴츠의 1강 체제, 혹은 덴츠·하쿠호도·ADK를 나란히 막강한 3사라고 불러도 좋을 것이다. 그러나 '덴하쿠'라는 말로써 덴츠와 하쿠호도, 두 회사가 하나의 세트라는 인식을 심는 데 성공했다. '덴츠만 부르지 말고 하쿠호도도 경쟁 프레젠테이션에 부르자'는 분위기가 생긴 것이다. 하쿠호도는 이로써 비즈니스를 크게 확장할 수 있었다. 이처럼 자의적으로 카테고리를 분류하여 다른 것을 배제하고 기회를 확대할 수 있다.

모두 아는 것과 나열한다

실은
덴츠 10 : 하쿠호도 5 : ADK 3

'덴하쿠'로 나열하면
덴츠 5 : 하쿠호도 5처럼 보인다

방법은 간단하다. 이미 모두 아는 말을 나열하는 것만으로 이미지를 끌어올릴 수 있다. 이는 마치 상대방과 비슷한 메이저라고 착각하도록 만들 수 있는 것이다.

또 세상에 널리 알려지지 않아서 상대방이 알아줄지 아닐지 걱정될 때 '모두 알고 있는 것'과 나열하면 좋을 것이다.

나는 지금 '라쿠사스'라는 일본 명품백 대여 서비스를 도와주고 있다. 쉽게 말해 '가방의 정기구독 서비스'다. 매월 7만 원 정도 내면 샤넬이나 에르메스, 루이비통 등 고급 브랜드의 백을 자유롭게 사용할 수 있는 서비스다.

이를 미디어에 소개한다면 어떻게 소개할 것인가?

'요즘 세상은 정기구독 서비스 시대라고 일컬어집니다. 알고 계십니까? 음악도 모두 구독하고, 영상 콘텐츠도 구독합니다. 그리고 드디어 명품백 구독도 가능해졌습니다'라는 식으로 말할 것이다.

음악 구독은 아이튠즈, 콘텐츠 구독은 넷플릭스로 대표된다. 그러나 라쿠사스는 아직 새로운 형태의 비즈니스다. 그래도 이 세 가지를 나열하여 말함으로써 메이저급 포지션이라는 느낌을 줄 수 있다.

말로 포지션을 바꾼다

포지션도 실은 '말'로 바꿀 수 있다. 이는 PR에서 자주 쓰는 방식인데, 나보다 메이저인 경쟁사와 나열하거나 요즘 유행하는 말과 연결하여 가치를 증명하는 것이다.

포지션은 말로 만들 수 있으며, 인상도 바꿀 수 있다.

우리는 '페이미'라는 스타트업 기업도 도와주고 있다.

'페이미'는 급여 사전 지급 서비스를 하는 기업인데, 세상에 나왔을 때는 기업으로서 입지가 불명확했다. 게다가 '핀테크＝가난한 사람을 겨냥한 장사다'라든지 '페이데이 대출(초고금리 소액 대출-옮긴이)의 일종'처럼 보도를 했었다.

그러나 우리는 이 서비스가 일본의 젊은 사람들이 일하는 방식을 바꿀 가능성이 있다고 생각했다. 즉, 돈이 부족해도 바로 아르바이트 급여를 인출할 수 있다면 매일 노동과 지불에 쫓기지 않아도 된다. 여유롭게 장래 설계를 하면서 자신의 꿈을 포기하지 않고 도전하는 젊은이들이 늘어날 것으로 생각했다.

그래서 '급여 2.0 = 일하는 방식 개혁 시대의 돈 버는 방식 개혁', '일본의 급여를 자유롭게'라는 말로 전략을 세웠다. 이로써 사회가 주목하고 매스컴을 통한 보도나 대표 취재 요청도 점차 늘어났다. 결과적으로 자본 조달도 원만해져서 기업의 성장도 가속화되었다. 말로써 이 서비스가 지향하는 미래나 본질적인 가치를 뚜렷하게 밝힘으로써 PR이나 마케팅이 확 바뀐 것이다.

마찬가지로 개인에게도 이런 일은 일어날 수 있다. 주변 사람들에게 조언해주는 사람을 '참견쟁이'라고 부르면 성가신 느낌이지만, '모두의 어머니 같은 존재'라고 부르면 살짝 어리광 부리고 싶어진다. 과거의 실적에 취해 평소에는 일을 안 하면서 대단한 척하는 사람을 '옛날의 카리스마'라고 부르면 이미 다음 기회는 없는 듯한 느낌을 주지만, '마지막 보스'라고 부르면 언젠가 마지막에 훌륭한 결과를 낼 것이라는 기대를 할 수 있다. 이처럼 부르는 이름을 바꾼 것만으로도 세상을 보는 방식, 자신과의 관계성은 쉽게 달라진다.

'이름은 몸을 나타낸다'는 속담이 있는데, 이를 반대로 말하면 이름을 바꾸면 본질도 그에 따라 바뀐다는 의미가 되는 것이다.

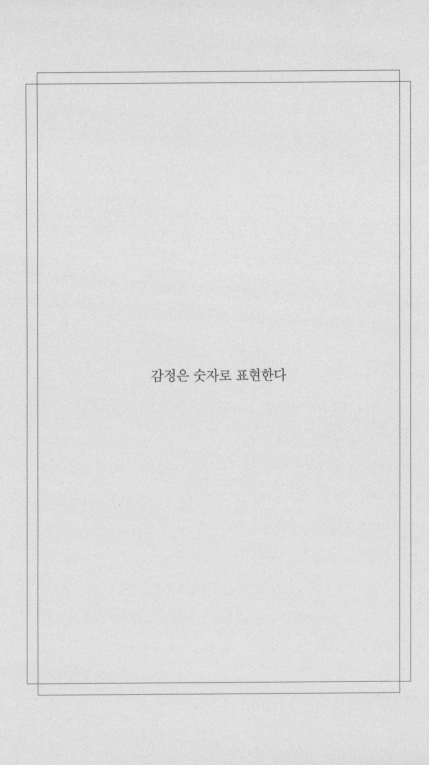

감정은 숫자로 표현한다

연인이 '나 좋아해?'라고 물어서 '좋아해'라고 답했더니 '얼마나?'라고 물어본다면 이보다 대답하기 어려운 것이 또 있을까? 대부분은 '세상에서 제일'이라고 근거도 없는 말을 하거나 '너무너무너무 좋아해!'라고 과장해서 표현하며 이 상황을 벗어날 수밖에 없을 것이다. 마찬가지로 사람의 성격을 평가할 때도 '저 사람은 친절하다'든지 '저 녀석은 냉정하다'며 형용사 한마디로 끝낼 때가 있다.

이를 표현하기 위한 간단한 방법을 소개한다.

하쿠호도 시절에 선배가 알려준 표현의 기술 중 하나로 '감정은 숫자로 표현한다'는 것이 있다.

친절하다든지, 좋은 녀석이라든지, 슬프다든지, 이런 식으로 애매하게라도 말해야 하는 상황에는 숫자로 예시를 드는 편이 실감 나게 표현된다. '엄청나게 친절해'라고 말하는 것보다는 '체온으로 말하면 70도 정도'라고 표현하면 이해가 되고, '매우 예쁜 야경'보다 '100만 달러짜리 야경'이라고 말하는 편이 분위기가 전달될 것이다. '너무너무너무 좋아해!'라고 과장해서 소리 지르는 것도 좋지만, '60조 세포가 모두 너를 사랑하고 있어'라고 말해보아도 좋다. 수학과 문학은 둘 다 사람이라는 산을 넘기 위한 다른 표현 방식인 것이다.

"수학이든 문학이든 예술이든 가장 중요한 것은 미와 감동이라고 생각한다"고 후지와라 마사히코(일본의 수학자–옮긴이)는 말했다.

비교에 숫자를 잘 사용한다: 1등이 될 방법은 무엇인가?

홍보 일을 하면 숫자를 사용하는 일에 능숙해진다. 심지어 문장 속 단어로 숫자를 사용하는데, 사람들의 인상이나 평가를 잘 디자인하기 위해서다. 사기는 아니다. 그러나 사소한 말하는 방식의 차이나 각도, 맺음법의 차이로 사실상 의미는 크게 달라진다.

우선 기억해야 할 수단은 '1등이 될 수 있는 방법'을 찾는 것이다.

예를 들면, 일본 육상경기에서 3등을 했다고 하자. 평범하게 말하면 '3위'지만, 여기서 내가 1등이 될 방법을 찾는다.

만약 1위, 2위인 사람이 중학교 때부터 육상을 했다면, '일본 육상경기 선수 중에서 대학 때부터 육상을 시작한 사람 중에서는 1위'라는 방식으로 표현하면 된다.

스포츠 선수는 어릴 때부터 시작하지 않으면 좋은 결과를 내지 못한다고 생각하는 사람이 적지 않을 것이다. 그래서 '대학 때부터'라는 단어를 더해서 '스포츠는 나중에 시작해도 결과를 낼 수 있을지도 모른다'고 생각하게 만들면 여기서 가치가 발생한다.

캠프파이어라는 클라우드 펀딩 서비스를 홍보할 때도 같은 구조의 전략을 세웠다. 흔히 비즈니스의 지표로 파악하기 쉬운 매출은 경쟁사가 우위였다. 그러나 클라우드 펀딩의 본질이나 캠프파이어라는 서비스가 지향하는 미래를 생각해보면 진짜 목표로 삼을 것은 그 기업이 얼마나 돈을 버는지보다 이 서비스를 이용하는 개개인의 프로젝트가 성공적이냐는 것이다. 그러므로 캠프파이어는 '유통 총액 1위'라는 지표를 키워드 삼아 대외에 발표했다. 클라우드 펀딩 비즈니스의 특성을 고려했을 때는 이 숫자가 1위인 쪽이 의미가 있다. 결과적으로는 투자가나 주주의 평가가 이 발표 때문에 올라갔음은 말할 필요도 없다. 이것이 PR 기반의 발상으로 기획된 비즈니스 전략이다.

"가장 상대방에게 효과적인 각도에서 기술을 써라. 속도보다 각도가 중요하다." 고등학교 유도부 감독에게 배운 이 비법은 PR 업무에 도움이 되었다.

널리 알려지는 것보다

마음에 새길 수 있는 말을 한다

말의 궁극적인 가치는 이로써 사람을 움직이고 현실을 바꾸는 것이다. 지금까지 이 장에서는 말에 관한 기술을 이야기했다. 마지막으로 한 가지 더 말하고 싶은 것이 있다.

SNS의 공유 수나 '좋아요' 수, 리트윗 수, 또는 웹사이트 페이지뷰 등 디지털화에 의해 수치가 가시화된 지표를 쫓는 사람들에게 새삼스럽게 묻고 싶다. 물론 이것은 나름대로 중요하지만, 그 의미를 진짜로 생각해본 적이 있는가?

확실히 숫자가 올라가면 기분도 좋고 내가 일을 했다는 실감도 든다. 그러나 비즈니스의 목표는 상품을 파는 것, 돈을 버는 것, 고객을 즐겁게 하는 것이다. 눈앞의 모니터에서 시시각각 변하는 수치를 바라보며 일희일비하는 것이 절대로 아니다.

예를 들어, 온라인 매체의 어떤 뉴스를 100만 명이 읽었다고 하자. 모두 재미있다고 바이럴했다고 해도 이로써 무엇이 남는가?

이보다 나는 '사이트를 본 100명이 티셔츠를 샀다'는 쪽이 의미가 있다고 생각한다. 그 티셔츠를 입으면서 이 사이트의 친구가 되고 싶다, 이 사이트의 시각을 응원하고 싶다는 마음을 표현한 것이기 때문이다.

수년 전에 '바이럴'이라는 말이 유행했다. 많은 크리에이터가 바이럴하는 것을 목표로 삼고, SNS에서 공유하거나 인터넷 뉴스로 소개된 것을 보고 '바이럴했다'고 말하며 매우 기뻐했다. 그러나 그 결과, 우리 기억에, 세상에, 그리고 이를 만든 모든 사람에게는 대체 무엇이 남았는가?

아무리 SNS로 공유되어 화제가 되었다고 해도, 이를 본 사람의 마음속에 새겨져 행동을 바꾸거나 가치관을 바꾸지 못했다면 그 콘텐츠는 의미가 없다. 콘텐츠가 세상에 나오기 전과 세상에 나온 후에 아무런 변화도 없다면 그 콘텐츠는 존재의 의미가 있을까? 나는 콘텐츠의 가치는 감정을 움직이는 크기에 따라 결정된다고 생각한다. 어떤 TV 광고를 100만 명이 봤다고 해도 그 광고를 누구도 기억하지 못하고 그 누구의 감정도 움직이지 못한다면 그 콘텐츠는 의미가 없다. 널리 알려진 바이럴 영상이 있는데, 이 영상에 의해 '뭔가 시도해보고 싶다'고 생각하는 사람이 단 한 명도 없다면, 그 동영상의 의미는 대체 무엇인지 생각하게 되는 것이다.

나는 인터뷰를 하면 읽은 사람이 한 줄이라도 기억하도록 의식해서 말을 한다. 결과적으로는 바이럴되는 경우도 많다. 이는 내가 일부러 기획하는 것이다. 경험상 어떻게 말하면 바이럴될지 잘 알고 있으며, 펀치라인을 의식해서 이야기한다. 다만, 다시 한 번 말하지만 바이럴되는 것 자체는 전혀 중요하지 않다고 생각한다.

그러나 예전에는 '깊이'만 예측했다. 즉, '구매한 사람 수'만 알 수 있었다.

감동적인 자동차 TV 광고가 있는데, 이 차가 100대 팔리면 '그

TV 광고 덕분에 100대가 팔렸다(팔렸을지도 모른다)'고 평가했다.

지금은 이처럼 광고에 따른 인과관계가 불명확한 숫자는 믿을 수 없기 때문에 효과로 측정하지 않는다. '유튜브를 몇만 회 보았다'와 같은 경우에는 숫자가 명확하므로 지표로 삼는다. 따라서 '널리 알려진다'는 것 자체에 가치가 있다고 생각하는 사람도 많지만, 이것이 정확히 수치화된 것은 페이지뷰나 재생 횟수일 뿐이다.

정말 중요한 것은 '마음에 새겨진 수'라는 것은 예나 지금이나 마찬가지일 것이다. 그러므로 나는 널리 알려지는 것보다는 사람의 마음속 깊이 새기는 것에 가치를 두고 싶다. 그렇게 **마음속 깊이 새길 때 큰 무기가 되는 것이 말이다.**

니체의 『차라투스트라는 이렇게 말했다』라는 책이 있다. 니체 생전에 이 책의 제4부는 40권만 출판했다고 한다. 니체 자비로 출판한 것이었다. 그러나 그 40권이 남아서 지금은 많은 사람의 인생에 영향을 미치고 있다. 나는 우울할 때 이 책의 세계에 빠져들었다. 초인이라는 말로 대표되는, 인간임을 그 누구보다도 온전히 받아들이면서도 인간을 극복하려는 의지에 헤아릴 수 없는 감동을 느꼈다. 이 책을 접한 후에는 내 인생을 좀 더 긍정적으로, 더욱 온 힘을 다해 마주 볼 수 있게 되었다.

많은 사람이 알아주기보다는 한 사람의 인생을 바꾸는 것이야말로 가치가 있다. 한 사람의 인생을 바꾸는 것은 다른 누군가의 인생을 바꾸는 힘이 있다. 그리고 한 사람, 한 사람의 인생이 바뀌기 전에 사회가 바뀌고 세상이 바뀌는 순간이 찾아온다. 만약 이를 지켜보고 싶다면 우선 당신이 사용하는 말을 바꾸는 것부터 시작해야 한다는 것을 잊지 말자.

제 3 장

말로 사람을
움직이는 방법

변화를 일으키는 것이

좋은 말이다

그 말로 인해 무언가 움직이거나 무언가 변한다면 이는 '좋은 말'이다. 나는 평소에 '좋은 말'이라는 표현을 되도록 하지 않는다. 왠지 예쁜 말, 아름다운 말, 정중한 말로 오해받고 싶지 않기 때문이다. 아무리 아름다운 말이라도 누군가에게 전해지지 않으면, 아무것도 움직이지 못한다면 의미가 없다. 그런 의미에서 나는 '강력한 말'이라든가 '효과적인 말'이라고 표현한다.

말이라는 것은 결국 '변화의 촉매'일 뿐이다.

소설가나 수필가처럼 표현 자체가 가치가 되는 일이라도 그렇다. 궁극적으로는 읽은 사람의 감정, 생활, 인생에 어떤 영향을 남기는 것, 여기에 말이라는 도구의 의미가 집약되어 있다. "나는 고양이로소이다. 이름은 아직 없다(나츠메 소세키, 『나는 고양이로소이다』)"나 "나도 죽지 않고, 이 녀석도 죽게 하지 않는다……. 시계를 5분 후로 돌려놓았다(무라카미 류, 『5분 후의 세계』)"와 같은 이런 표현도 단지 아름다움, 재미, 읽기 편한 것뿐만 아니라 뭔가 읽은 사람을 자극하여 움직이게 하는 치밀하게 설계된 강력한 말이다.

말을 하는 것은 '사고를 외부로 발설하는 것'이다. 말은 외부와 이어지기 위한 도구다. 예를 들어, 상대방이 나에게 그다지 관심이 없을 때 '밥 먹으러 가실래요?'라고 별 노력 없이 단순한 말로 권해본다. 이것은 좋은 말일까? 분명 '싫은데요'라는 말을 들을 것이다. 밥을 먹으러 갈 수 없다. 현실에 변화는 일어나지 않는다.

그러나 '스키야키, 좋아하죠?'라고 말하면 흥미를 보일지도 모른다. '오늘 ○○씨 생일이거든요. 스시집 예약했는데 함께 갈래요?'라고 말하면 그 사람은 와줄지도 모른다. '시바에 있는 토마토 스키야키 가게, 아세요?'라고 해도 좋을 것이다. 당신에게 관심을 주든지, 시간을 내줄 가능성이 높아진다. 뭐라도 좋다. 이처럼 **변화를 만들 수 있는 말이 내가 정의하는 '좋은 말'이다.**

'가치'란 무엇인가? 그것은 '변화'의 방향과 거리다. 그 행동, 말, 프로젝트에 따라 무언가 변했는가? 얼마나 변했는가? 이것만이 가치다. 일본에는 학생 때부터 시급으로 계산하여 일하는 아르바이트가 많은 탓인지, 노동시간 그 자체에 가치가 있다고 착각하는 사람이 많다. 예를 들어, 세븐일레븐에서 아르바이트를 10시간 한다고 하자. 여기서는 시급이 8,000원이므로 8만 원을 받을 수 있다. 착각해서는 안 된다. 그 8만 원은 10시간이 돈이 된 것은 아니다. 10시간의 노동과 고객을 대하는 가치가 돈이 된 것이다.

마찬가지로 우리 회사에 대해서도 똑같이 말할 수 있다. GO는 다른 크리에이티브 회사와 비교해서 견적이 비싸다고 놀란다. 그래도 일은 끊임없이 들어온다. 왜냐하면, 광고를 만들어서 돈을 받는 것이 아니라 우리가 만든 광고로 클라이언트의 사업이 돈을 벌도록 변화를 일으키고 돈을 받기 때문이다.

예를 들면, 광고 제작으로 1억 원이 든다고 하자. 만약 클라이언트의 매출이 5,000만 원뿐이라면 1억 원을 내기에는 부담스럽다는 생각이 들 것이다. 그러나 그 1억 원이 클라이언트의 매출 5,000만 원을 5억 원으로 만들 가능성을 가진 금액이라면 은행에 빌려서라도 낼 가치가 있다고 생각해줄지도 모른다. 즉, 우리는 상대방에게 작업의 대가를 받는 것이 아니라 만든 성과물이 가져올 가치의 대가를 받는 것이다.

"바뀔 수 있다는 건 두근두근." 이 문구는 2001년 도요타 코롤라 TV 광고의 메인 카피다. 언제 들어도 변함없는 변화에 대한 기대감을 이야기하고 있다.

이 장에서는 변화를 일으키기 위한 말, 조금 더 알기 쉽게 말하면 사람을 움직이기 위한 말에 관해 이야기하려고 한다.

사람을 움직일 때

중요한 세 가지

말로 사람을 움직이는 것은 어려울 것 같지만 그렇지 않다. 왜냐하면, 사람은 말로만 움직이기 때문이다. 무의식적으로 하는 것도 많을 것이다. 하지만 약간 의식을 바꾸는 것만으로 일상이 확 달라질 것이다. 먼저 말로 사람을 움직일 때 중요한 세 가지를 정리해보자.

① 목적을 명확히 한다.
② 목적을 달성하기 위한 과정을 명확히 한다.
③ 주어를 복수로 표현한다.

첫째, '목적을 명확히 한다'는 문자 그대로다. 그저 '움직이라'고 말하기보다 '도깨비를 물리치러 가자'고 목적을 명확히 하면 움직이기 쉽다. 개, 원숭이, 꿩도 따라올 기세다. 앞서 서론에서 기업이 성장할 때 무엇을 위해서인지 확실하게 하지 않으면 사람은 진심을 다해 일하지 않는다는 이야기를 했는데, 그것과 마찬가지다.

둘째, '과정을 명확히 한다'에 대해 이야기해보자.

예전에 외국계 광고대행사에서 근무할 때, 내가 소속되어 있던 크리에이티브 팀은 칸 국제광고제에서 수상하는 것이 지상 최대의 과제였다. 당시에 압도적인 실력을 갖춘 선배가 있었는데, 그의 팀은 매년 칸에서 상을 받았다. 그러나 나는 똑같이 도전해도 좀처럼 잘 되지 않았다. 모든 팀원의 열정을 끌어올릴 수가 없었다.

그 선배와 나의 차이는 목적에 도달하기 위한 '과정'을 명확히 하는지 여부에 있었다. 이게 무슨 말인가?

나는 팀원에게 "모두 열심히 해서 칸에 가자!"고 여러 번 반복해서 말했다. 반면 그 선배는 "이만큼만 열심히 하면 칸에 갈 수 있다!"고 말했던 것이다.

'가자'와 '갈 수 있다'는 글자 개수만 다를 뿐인데 큰 차이가 있다.

그는 칸에서 여러 번 수상한 실력과 경험이 있으니 노력의 한계를 정할 수 있었다. 팀원에게 무턱대고 '함께 열심히 하자'고 말하는 대신 '이 정도만 열심히 하면 갈 수 있으니 여기까지만 열심히 하자'고 선을 그을 수 있다. 목적에 도달하기 위한 조건과 과정을 명확히 정의할 수 있으므로, 노력의 달성이 정확히 이미지로 그려진다. 마라톤도 몇 킬로미터나 달려야 하는지 모르고, 목표 설정 없이 달리다 보면 빨리 포기하게 된다. 목표 달성 지점도 있고 서로가 격려하며 지지해나가야 비로소 사람은 열심히 할 수 있다.

'도깨비를 물리치러 가자'고만 하면, 어디까지 노력해야 하는지 알 수 없다. 그러나 '이 바다 끝에 도깨비 섬이 있어. 거기에 도깨비가 있는데, 다섯 명이 맞서면 이길 수 있을 거야'라고 말하면, 노력의 양과 기준을 알 수 있다. 성과에 대한 과정을 명확히 함으로써 결과적으로 사람들의 열정을 더욱 끌어올릴 수 있는 것이다.

셋째는 '주어를 복수로 표현한다'다.

'도깨비를 물리치고 와라'가 아니라 '함께 도깨비를 물리치러 가자'고 말한다. '당신이 물리치는 것'이 아니라 '우리가 함께 물리치러 가는 것'처럼 주어를 복수로 표현하는 것이다. 시점을 '나'에서 '우리'로 바꾸는 것이 효과적이다.

만화가인 고바야시 요시노리가 인체면역결핍바이러스가 포함된 치료제의 사용에 대해 문제의식을 느끼고 다양한 대외적 발언을 할 때의 일이다. 만나는 사람마다 '열심히 하세요'라고 말해주는 와중에 엔카 가수 후지 아야코가 '함께 열심히 합시다'라고 말해주었다고 한다. 고바야시는 후지의 말에 큰 힘을 얻었다고 한다. 후지만이 '나'가 아니라 '우리'의 시점에서 말했기 때문이다.

작가와 편집자의 관계를 예를 들어본다면, 편집자가 '이것도 써주세요. 열심히 해주세요'라고 말하는 것보다는 '이거, 함께 키워나가 봅시다!'라고 말하는 편이 작가에게 마음이 전해지고 동기 부여도 될 것이다.

원래 불량한 기질이 다분했던 작가 모모세 히로미치는 "사람은 말로 날리는 법이지"라고 가르쳐주었다. 날릴 만한 것을 여럿 알고 있을 사람의 말인 만큼 현실감이 있다.

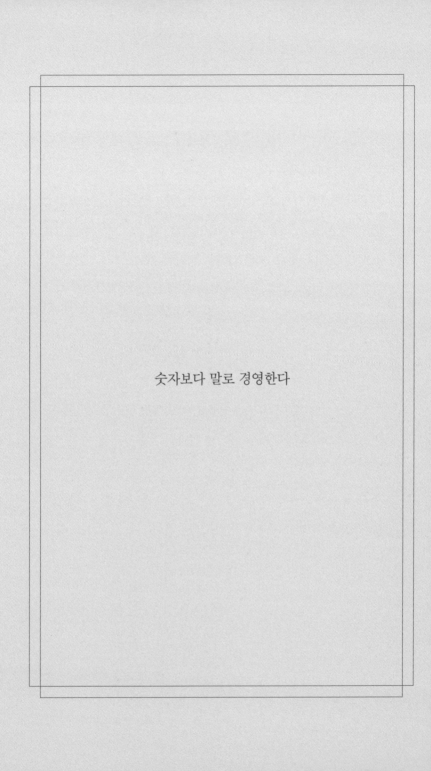

숫자보다 말로 경영한다

말로 사람을 움직이기에 앞서 한 가지 더 중요한 것이 있다. 바로 '목표를 세운다'는 것이다. 그런데 이 목표를 세울 때 많은 사람이 숫자를 이용한다. 하지만 수치로 목표를 세우고 사람을 움직이려 하면 대개는 역효과가 나는 경우가 많다.

'전년 동기 대비 매출 10퍼센트 상승을 목표로 하자'와 '과거의 나보다 열심히 해서 좋은 한 해를 보내자' 중 대체 어느 것이 행동으로 이어질까?

세상에는 숫자를 올리기 위해 열정적으로 일하는 사람은 없다. 나를 바꾸기 위해, 또는 가족이나 친구처럼 소중한 사람, 또는 세상에 조금이라도 변화를 만들고 싶어서, 사람은 열정을 다하게 된다. 매출 10퍼센트 상승도 과거의 나보다 열심히 하는 것도, 결국은 목표로 하는 변화는 같다. 그러나 사소한 차이로 사람들의 동기 부여는 완전히 달라진다. 이것이 말의 재미있는 점이다.

나는 스타트업부터 대기업까지 다양한 회사의 회의에 참석한다. 그때마다 기업의 비전을 말이 아닌 숫자로 표현하는 사람이 있다. 그러나 비전이란 이상적인 모습이다. 그러므로 말로 표현할 수밖에 없다. 그 기업이 존재하고 활동하기 위한 목적은 말로 표현한다. 숫자로 미래의 모습에 관해 이야기해도 그건 어디까지나 목표에 지나지 않는다. 예를 든다면, 어디에 갈지를 정하는 말이 비전이자 목적이다. 그 목적을 관리하는 지표로써 숫자가 있다. 그렇게 생각하면 이해하기 쉽다.

'목적'과 '목표'를 착각하면 안 된다.

'전년 대비 10퍼센트 상승'이라는 것은 목표이지, 비전은 아니다. 이것으로는 팀원도 열심히 할 이유를 찾을 수 없다. 많은 기업이 실적이 오른다고 해서 현장에서 일하는 사원의 급여가 오르진 않기 때문이다. 기업을 튼튼하게 만들려면 경영자는 우선 비전을 결정하고 사내에 전파해야 한다.

구체적으로 말하자면 '전 세계 모든 사람에게 맛있는 물을 공급한다'처럼 그 기업이 세상에 존재하는 '목적'을 표현하는 것이다. 그렇게 하면 업무의 의미를 이해하고 열심히 하고 싶은 마음이 솟아오른다. 이런 단순한 마음의 변화가 큰 차이를 만드는 결과로 이어진다. 비전을 말로 공유할 수 있으면 '지금은 75퍼센트 정도만 보급되고 있으니, 나머지 25퍼센트를 위해 힘내자'라고 생각할 수 있게 될 것이다.

물을 많은 사람에게 공급하는 것이 '목적'이다. 이를 위해서 나머지 25퍼센트를 늘린다는 것이 '목표'다. 목적지에 가려는 목적이 있으니까 차로 40킬로미터 더 가자는 목표가 생기는 것이다. 갑자기 무작정 40킬로미터 더 가야 한다고 하면 힘을 내기 힘든 것이 사람이다.

말을 하면 준비도 할 수 있다.

'22세기를 선점할 수 있는 책을 낸다'고 말하면 '아, 이거 내용은 아직 21세기인데?'라거나 '이건 22세기답네'라는 반응이 나온다. 말이 있으면 행동으로 바뀐다.

샤넬은 '여성을 자유롭게 한다'는 말부터 시작한 브랜드다. 그래서 저지 소재의 드레스나 작은 핸드백, 세라믹으로 된 녹슬지 않는 반지처럼 비전을 실현하는 제품에 대한 아이디어가 생겨난다. 비전이 행동을 이끌어내고, 새로운 독자적인 가치가 탄생하는 것이다.

숫자의 논리뿐만 아니라, 말의 논리로도 설명이 요구된다.

예를 들면, 이 책의 표지를 흰색과 붉은색으로 단순하게 표현했다고 할 때, 어떻게 설명할 것인가? '단순하게 표현한 책은 10만 부씩 팔리는 경우가 많으니까 흰색과 붉은색이 좋다'고 설명하는 것은 숫자의 논리다. 한편 '이 책은 자질구레한 것을 줄이고 철저하게 본질만 추구하므로 표지도 철저하게 단순해야 한다'고 설명하는 것은 말의 논리다.

숫자의 논리란 과거의 숫자만 보고 판단하는 것을 의미한다. 말의 논리란 미래에 대한 의지를 믿고 의사 결정을 하는 것이기도 하다.

미우라 준(일본의 영화배우 겸 시나리오작가-옮긴이)은 "과거는 끝난 것이고 미래는 모르는 것"이라고 주장했다. 숫자의 논리를 믿고, 말의 논리를 믿어도 결국 미래의 결과가 어떨지는 모른다. 그러므로 우리

숫자의 논리와 말의 논리	
숫자의 논리	**말의 논리**
잘 팔리니까 '흰색' (과거의 시점으로 본다)	이런 방침이니까 '흰색' (미래에 대한 의지가 있다)
나머지 25퍼센트를 위해 힘내자 (열심히 할 수 없다)	모든 사람에게 맛있는 물을 공급 하자(열심히 할 수 있다)

가 실컷 도전할 수 있고, 이해하고 노력할 수 있는 그런 판단을 하는 편이 좋다.

숫자의 논리보다는 말의 논리를 선택해야 한다. 이것은 한 사람의 인생과 마찬가지다.

'앞으로 어떻게 되고 싶습니까?'라는 말을 들으면 '연 수입 2억 원을 달성하고 싶다'고 말하는 사람이 많다. 그러나 이 숫자에 대체 무슨 의미가 있을까? 2억 원이 없어도 행복하게 살 수 있다. 세븐일레븐의 도시락은 맛있고, 옷은 유니클로에서 사면 된다.

2억 원이라는 것은 어디까지나 목표다. 중요한 것은 '무엇을 위해 2억 원을 벌어야 하는가'이며, 이 목적이 바로 사람을 움직인다. 열정적으로 만들어주는 것이다.

그래서 '아이 두 명을 유학 보내고 싶다'는 목적이 있으면 '2억 원 정도는 필요할까?'라고 생각할 수 있게 된다. 도쿄, 가루이자와, 뉴욕 등 세 곳을 거점으로 생활하고 싶다면 5억 원은 필요하다고 생각할 것이다. 사람은 숫자를 봐도 열정을 쏟기 힘들다. 사람이 온 힘을 다할 수 있는 것은 어디까지나 말로 표현된 목적에 의해서다. 그 목적을 위해 진심을 다해 살아가는 인간의 힘을 정교하고 치밀하게 조절하기 위해 수치상의 목표가 필요한 것이다.

　게다가 숫자로 된 목표만 쫓아가면 끝이 없어진다. 2억 원을 목적으로 삼은 사람이 이를 달성했을 때 '다음에는 3억 원, 4억 원……' 하며 끝없이 늘어난다. 실속 없이 숫자뿐인 인생이라니 너무 허무하다.

　당신의 인생에 의미를 부여하는 것은 숫자도, 돈도 아니고 '말'이다. 행복이란 무엇인가? 사는 것이란 무엇인가? 어느 쪽도 나만의 말로 정의하지 않으면 손에 넣을 수 없다. 당신의 인생, 당신의 행복에 관련된 말을 인수분해 해보길 바란다. 진심을 다해 노력한 당신이 인생을 열정적으로 살기 위한 담백한 이유를 말로 표현할 수 있다면, 당신은 분명 지금 당신이 생각하고 있는 한계를 간단하게 넘어설 수 있을 것이다.

　러시아의 문호 도스토옙스키는 "콜럼버스가 행복했던 것은 그가 아메리카를 발견한 때가 아니라 이를 발견하려고 할 때다. 행복이란 생활 속에 끊임

없이 이어지는 영원의 탐구에 있으며 결코 발견에 있는 것이 아니다"라고 말했다. 행복이 무엇인지 내가 스스로 정의할 수 있다면, 이에 이르는 모든 여정이 행복하게 되는 것이다.

말로 상대와의

관계를 바꾼다

말은 '관계 구축'의 수단이라고 지금까지 계속 이야기해왔다. 그뿐만 아니라 이를 이해하고 제대로 사용하면 '관계 규정'을 위해 쓸 수도 있다.

일을 의뢰하는 고객을 '클라이언트'라고 한다. 의뢰한 사람이라는 뜻이다. 이 의뢰한 사람과 수주한 사람이라는 관계를 변화시키고자 우리 회사에서는 일을 의뢰하는 사람을 '파트너'라고 부른다. 이처럼 명칭을 바꾸면 단순하게 일을 주고받는 관계가 아니라 대등한 위치가 되며, 함께 새로운 가치를 만들어내는 관계가 된다.

참고로 덴츠에서는 클라이언트를 '단골 고객', 하쿠호도에서는 '단골 거래처'라고 말한다. 광고대행사라는 비즈니스 영역은 같은데 사용하는 표현이 조금 다른 것은 재미있다. 일부 컨설턴트 회사에서는 클라이언트를 '지원 기업'이라고 부른다. '지원 기업'이라는 어휘는 매우 상급자의 시각으로 바라보는 수직관계가 느껴지는데, 이는 그들의 의식 상태를 상징한다고 볼 수도 있다.

거래처를 '클라이언트'라고 인지하는가, '파트너'로 인지하는가? 매체를 통해 언급되는 것을 '기사화'로 인지하는가, '소개한다'라고 인지하는가?

이처럼 어떤 말을 쓰는지에 따라 상대방과의 관계성이 달라진다. 상대방을 어떻게 인지하고 어떤 관계를 만들어갈지는 말의 사용법에 따라 달라진다. 반대로 말하면 말의 사용법에 따라 상대방과의

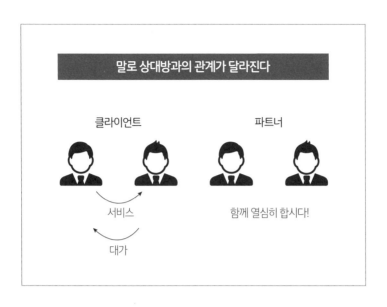

관계를 조절할 수 있게 되는 것이다. '말을 보는 것'이 아니라 '그 너머에서 무엇이 움직이는가?'를 볼 필요가 있다.

'상대방을 어떻게 규정하는가?'는 '나에게 있어 상대방이 어떤 존재인가?'라는 것이다.

나는 우리 회사 직원을 사람들에게 이야기할 때 '내 동료'라는 표현을 쓴다. 격투기 선수 아오키 신야는 이런 사람들을 '패밀리'라고 부른다. 이런 식으로 내가 의식적으로 말을 사용하면 상대방과의 거리감이 크게 달라진다.

영업사원은 고객을 이름으로 정확하게 부르는 사람이 많다.

상대방의 이름을 부르면서 '당신을 소중히 생각한다'는 마음을 표현한다. '○○씨'라고 이름을 부르고 나서 '이 상품은……'이라고 영업을 시작하면 상대방과의 거리감이 좁아진다.

옛날에 이름을 부를 때 일어나는 효과를 검증한 'Call Her Name' 이라는 프로젝트가 있었다. 일본인 중에는 아내를 이름으로 부르는 사람이 적다. 그래서 '아내의 이름을 불러봅시다'라는 다큐멘터리를 만드는 기획이었다.

보통 아내에게 '어이, 당신'이나 '저기'라고 부르는 사람에게 아내의 이름을 부르게 했다. 그러자 실제로 부부관계가 좋아진 것이다. 아내의 심박 수가 오르기도 했다. 말은 때로 매우 신체적이고 물리적인 힘을 발휘하여 상대방과의 관계성에 영향을 미친다.

'우리 무슨 관계야?'라는 말을 이성에게 들었을 때, 두 사람의 관계가 진짜 시작되었다는 것을 기억해두는 편이 좋을 것이다.

말을 바꾸면 인상도 바뀐다

단 두 글자의 말이라도 상대방과의 관계성이 매우 달라진다. 말을 거칠고 조잡하게 사용하면 반드시 자신에게 돌아오며, 말을 정중하게 사용하면서 생기는 효과도 셀 수 없다.

광고회사 기획서를 보면 '○○의 제안'이라고 쓰는 경우가 많다.

그러나 우리 회사에서는 절대로 기획서에 '제안'이라고 쓰지 않는다. '제안'이라는 말은 수직관계의 말단에서 말하는 듯한 인상을 주기 때문이다. 마치 '이것을 해보면 어떠시렵니까?'라는 느낌이다.

광고회사는 항상 저자세를 취하며 '제안'이라는 말을 사용한다. 그러나 기본적으로 우리는 마케팅이나 크리에이티브 전문가다. 당연한 이야기지만, 이 분야에서 압도적으로 뛰어난 지성, 실적, 경험이 있다. 그러므로 우리는 '제안'을 하지 않는다. 제안이라는 말을 사용하면 선택하는 쪽에 주도권이 생기게 된다. 그 제안을 받아들일지 말지 상대방의 판단에 위임해버리고 만다. GO는 기획서를 제출하고 설명은 하지만 어디까지나 우리가 말하는 것이 답이라는 의미를 담아 '~의 아이디어', '~의 기획'이라는 표현을 쓴다.

또 클라이언트로부터 '이런 식으로 해달라'는 지시가 있을 때, 광고대행사는 '재요청을 받았다'는 식으로 표현한다. 반면 우리는 항상 대등하다고 생각하므로 그런 말을 사용하지 않는다. 최선을 다해 생각한 크리에이터에게 실례이기 때문이다.

만약 그런 지시를 받았다고 해도 '클라이언트는 그렇게 이야기하는데, 나로서는 그의 의견을 존중해주고 싶습니다'라는 표현을 쓴다.

마찬가지로 디자이너나 크리에이터에게 '수정'이라는 말도 쓰지 않는다. '갱신했으면 좋겠다', '좀 더 다른 패턴을 보고 싶다'고 표현하려고 한다.

'수정'이라는 것은 내가 맞고 상대방이 틀리다는 전제하에 생긴 말이다. 그러나 디자이너는 디자인에 관해서는 나보다 경험이 풍부하다. 업무적으로는 크리에이티브 디렉터인 내가 주도권이 있으므로 다른 의견을 제안하기도 하지만 '수정'이라고 말하는 것은 실례라고 생각한다.

그러한 한 마디, 한 마디로 표현되는 말의 정중함이 매우 중요하다. 말의 표현에 상대를 향한 존중이 있는가? 이는 업무의 자세, 나아가서는 업무의 질에서도 마찬가지로 나타난다.

말을 사용할 때는 섬세해야 한다.

흔히 아무렇지 않게 사용하는 말에 대해서도 섬세해야 한다.

나는 말의 사용법에 대해 부하직원에게 지적하는 경우가 많다. PR 업무를 예로 들어보자. GO가 홍보를 지원하는 어떤 기업이 새로운 발표를 할 때, 그 뉴스를 매체에 게재하도록 부탁하는 경우가 있다. 이때 '보도자료를 보내드렸는데, 괜찮으시다면 소개해주시겠습니까?'라고 표현하는데, 간혹 '기사화 부탁드립니다'라는 말을 사용하는 젊은 부하직원이 있었다. '소개해주었으면 좋겠다', '보도해줬으면 좋겠다', '뉴스로 다루어줬으면 좋겠다' 등 적절한 표현이 여러 가지가 있는데도 '기사화'라는 말을 쓰는 것은 매우 천박해 보인다. 이 말에는 '뭐든 상관없으니 기사로 나오면 된다'는 마음이

엿보이는 것이다. 그래서 나는 홍보인이 기사화라는 단어를 사용한 시점에 이미 해고해도 좋다고까지 생각한다.

'바이럴하다'라는 말도 비슷하다. 이처럼 세상에는 본질에서 벗어난 천박한 말이 넘쳐난다. '뭐라도 좋으니 눈앞에 결과가 보이면 된다'고 생각하며 사물을 표면적으로만 생각하는 단편적인 사고로부터 나온 말이 매우 많다.

왜 그렇게 되어버린 것일까? 아마 타인에 대한 배려, 타인이 처한 상황에 대해 상상력을 발휘할 여유가 없어서일 것이다. '내일은 숫자를 받아보고 싶다'고 어찌 되었든 눈앞에 결과를 요구하는 시대다. 기업 홍보 담당자 중에도 언론에 보도자료를 보내고 '내일 기사로 써달라'고 말하는 사람도 있다. 상대방의 입장에서 생각해보면 이것이 얼마나 비상식적인 일인지 알 것이다. 그러나 대부분은 궁지에 몰려서, 한 사람의 인간으로서, 사회인으로서 당연히 해야 할 배려를 뒷전으로 미루게 된다. 그러나 이를 반대로 생각해보면 조금만 신경 써서 말하는 것만으로도 주변과 큰 차이가 날 수 있는 시대이기도 하다.

예를 들어, 부탁했던 서류가 올라오면 '딱히 문제는 없네요'라고 말하기보다 '감사합니다'라든지 '멋지네요'라고 말하는 편이 상대방을 기쁘게 할 것이다.

젊은 사람들에게는 어쨌든 리액션을 크게 하라고 말한다. 고칠 부분을 표현할 때도 '여기를 고쳐줬으면 좋겠다'가 아니라 '좀 같이 생각해보면 좋을 듯한 부분이 있어서'라고 말한다. 이 정도만으로도 다르게 받아들여진다.

우선은 상대방의 입장에서 상상해본 뒤 행동한다. 상상력이 없는 말을 사용하는 것은 천박할 뿐만 아니라 상대방에게 상처를 주게 된다. 이는 약속을 지키는 것과 마찬가지로 최소한의 도덕이라고 말할 수 있을 것이다.

나는 말을 믿는다.

매일매일 우유를 마시는 사람은 '우유가 너무 맛있다'고 말할지도 모르지만, '우유의 가치를 믿으니까' 마시는 것이다. 이를 의심한다면 매일 우유를 마시지 않는다. 나도 말의 가치를 믿고 있다. 말의 사용법에 신경을 쓰는 것은 당연한 것이다.

아무래도 말의 사용법이 조잡한 사람도 있다. 그런 사람은 말에 대한 '공포'가 부족하다. 말을 입 밖으로 내는 것에 '두려움'이 없다. 좀 더 겁쟁이가 되어야 한다. 누구든 정말로 무서운 사람에게는 실례되는 말을 하지 않는다.

말이라는 것은 위험한 것이기도 하다. 말의 위력을 두려워해야 한다. 우리는 모두 순수한 마음으로 말이라는 칼을 휘두르며 살아간다. 말로 사람을 죽일 때도 있고, 반대로 사람을 살릴 때도 있다. 진짜다. 그러므로 실수하면 안 된다. 긴장감 없이 생각 없는 말을 토해내면 안 된다. 정치가들이 자주 '발언을 철회합니다'라고 말하지만 그건 거짓말이다. 뱉은 말을 철회할 수는 없다. 그 말을 뱉은 사실은 사라지지 않는다. 그 말로 상처받은 사람의 마음은 낫지 않는다. 그 말이 바꾸어버린 세상을 받아들이고, 필요하다면 한 번 더 바꾸려고 노력하는 수밖에 없다.

말을 믿는다는 것과 마찬가지로 말을 두려워해야 한다.

아쿠타가와 류노스케(일본의 소설가-옮긴이)는 "인생은 성냥 상자와 닮았다. 소중하게 다루는 건 바보 같지만 소중하게 다루지 않으면 위험하다"고 말했다. 말을 사용할 때의 자세도 마찬가지일지도 모른다.

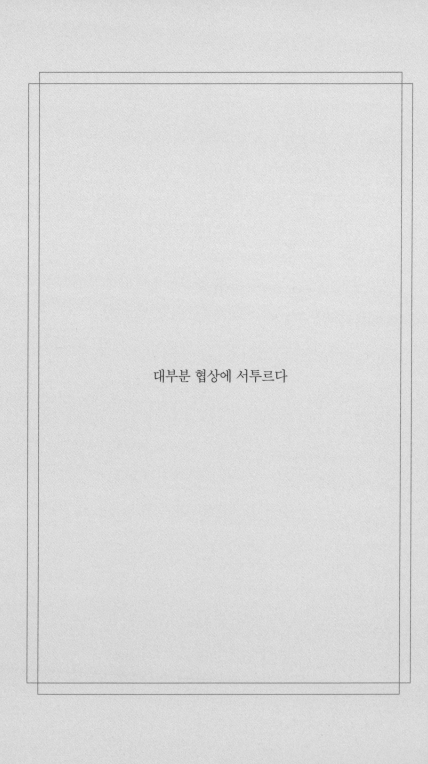

대부분 협상에 서투르다

협상을 못하는 사람이 많다. 그보다 협상이 특기인 사람이 거의 없다. 이것도 말의 사용법과 조절이 미숙한 것이다.

대부분의 일본인은 협상을 잘하지 못한다. 협상은 서로 의견을 내고 어느 한쪽의 의견으로 정하는 것이라고 착각하는 것이다. 집을 살 때 부부간 협의를 해도 '나는 아파트가 좋다', '나는 주택이 좋다'라며 의견을 내고 부딪치면서 최종적으로는 누군가 굽히면서 끝나는 패턴이 많다.

협상에서 중요한 첫 번째는 '서로 정말 원하는 것은 무엇인가?'를 명확하게 밝히는 것이다.

예를 들면, 회사에서 의자 대신 밸런스볼을 사용하고 싶다고 하자. 그러나 회사에서는 정해진 의자를 사용하라고 한다면 당신은 어떻게 협상할 것인가?

여기서 파고들어야 할 문제는 당신이 원하는 것이 정말 '밸런스볼 그 자체'인지다. 물론 그렇지는 않을 것이다.

진짜 원하는 것은 '건강해지고 싶다', '건강하게 일을 하고 싶다'는 것이다. 그렇다면 회사에 '의자를 사용할 테니 밸런스 쿠션을 쓰게 해달라'고 말해보는 것은 어떨까? 그래도 안 된다면 정기적으로 일어서서 가볍게 스트레칭 하는 것도 좋을 것이다.

두 사람의 이해관계가 대립하는 가운데 서로 진짜 원하는 것을 찾는 것이 협상이다. 이를 위해서는 진짜 원하는 것을 '언어화'하지 않으면 원만히 진행되지 않는다. 협상이라고 하면 상대방의 의견을 부정하거나 타협안을 찾는 것으로 생각하기 마련이지만, 본래는 '나와 당신이 정말 원하는 것이 무엇일까?'를 서로 확인하는 작업이다. 처음에는 어둠에서 시작하지만 더듬거리면서 서로 원하는 부분을 찾는다. '욕망의 윤곽'을 찾는 작업이 필요한 것이다.

협상은 '투쟁'이 아니다. 관계자가 모두 더 나은 결론을 찾는 '공동 작업'이라는 것을 우선 기억해두어야 한다. 그다음에 서로 말을 나누며 다가서는 것이다.

J.F. 케네디는 "두려움 때문에 협상해서는 안 된다. 하지만 협상 자체를 두려워할 필요는 없다"고 말했다. 협상은 일상에서 매우 흔한 일이다. 두려워하기보다는 즐기는 편이 좋은 것은 말할 필요도 없다.

상대방의 이점을 말한다

협상에 대해 좀 더 말해보자. 사람은 협상할 때 하나의 시각에서 계속 밀어붙이기 마련이다. 자신의 이익을 얼마나 크게 할 것인지만 보게 된다.

그러나 그러지 않고 눈앞에 있는 자신의 이익 이면에 상대방의 이익도 있다는 것을 정확하게 설명할 수 있는가? 이것이 중요하다.

예를 들면, 당신은 골프 세트를 갖고 싶다. 이를 사도 될지 아내에게 물어보는 상황을 생각해보자.

이때 얼마나 내가 골프를 하고 싶은지 자신의 입장에서 이점이나 골프의 매력을 주장해도 효과는 없을 것이다. 오히려 역효과가 날지도 모른다.

'골프 세트가 갖고 싶다'는 나의 주장에 아내가 '당신 한 달 용돈은 40만 원이니 그 용돈을 모아 사세요'라고 말한다면 그 논의는 전혀 의미가 없다. 이는 협상이 아니라 그저 조건 비교일 뿐이다.

이때 골프 세트를 산다면 자신뿐만 아니라 상대방에게 어떤 일이 생길지 냉정하게 생각해보는 것이다. 골프 세트를 사면, 남편의 주말 외출이 잦아질 것이다. 그러면 아내는 집에서 혼자만의 시간을 보낼 수 있고, 주말 동안 남편 뒷바라지를 하지 않아도 된다.

그러므로 '내가 골프 세트를 사면 당신에게도 이점이 있어. 그것은 나에게 있어서는 골프 세트지만, 당신에게 있어서는 혼자만의 시간이야. 휴일에 내가 없으면, 날 챙기지 않아도 되니 좋지 않아? 그러니까 100만 원만 쓰자'라는 협상이 가능할지도 모른다.

자신뿐만 아니라 다각적인 시각에서 그 이점을 설명할 수 있는가? 흑과 백의 사이에는 '무한한 공백'이 있다. 'A 또는 B'라는 이분법적 사고가 아니라 'A와 B 사이' 어딘가에 분명 해결책이 있을 것이다.

리쿠르트, 라인, 조조 등 일본을 대표하는 벤처 기업에서 매체 일을 해왔던 다바타 신타로는 'Manage(경영/관리)'에 대해 "저쪽을 세우면 이쪽이 서지 않는 상태를 어떻게든 해결하는 것"이라고 밝히고 있다.

다른 이유를 만든다

협상에서는 '이것을 돌파하기 위한 이유'를 말로 많이 만들어놓는 것도 중요하다.

GO는 래퍼 켄드릭 라마의 일본 방문 프로모션으로 가스미가세키역(일본 외무성이 있는 역-옮긴이)과 곳카이기지도마에역(일본 국회의사당이 있는 역-옮긴이)에 검은색을 칠한 행정문서를 모티프로 삼은 광고를 내걸었다. 단 두 곳의 역에 몇 장의 포스터를 게재한 것만으로 SNS에서 돌풍을 일으키는 뉴스가 되어 트위터 트렌드를 독점하고 NHK가 이를 취재하여 방송했다. 보통 광고를 만들 때 '최단거리에서 급소를 찌른다'는 말을 사용하는데, 이 프로모션은 실제로 이를 실현한 프로젝트였다. 이 광고를 앞서 말한 두 역에 게재하기 위한 협상은 매우 난항이었다.

일본에 역은 매우 많다. 그런데 왜 그 두 역에만 광고를 게재한 것인가? 이런 것은 대답할수록 촌스럽다. 다만, 솔직하게 말해도 도쿄 메트로가 이를 이해해줄 것이라고는 생각하기 힘들다. 그래서 GO의 프로듀서는 "일본을 방문한 라마가 이 근처 호텔에 숙박하므로 그에게 보여주고 싶습니다"라고 설명한 것이다. 그러자 이해를 해주며 포스터 게재에 협력해주었다.

비즈니스 협상에서는 상대방이 '회사에서 허락받기 쉬운 이유'를 만들어두는 것도 중요하다. 담당자는 이해해도, 그 상사가 반대할 수도 있기 때문이다. 아마 '국회에 생각을 전달하고 싶어서'라는 이유를 밝혔다면, 상대방은 회사로부터 승낙을 받기 힘들었을 것이다. 그러나 본래 의도와 다른 이유를 만들어둠으로써 무리 없이 추진할 수 있었다.

만화 『킹덤』의 프로모션으로 표지를 '비즈니스풍'으로 바꿔 화제가 된 적이 있었다. 그때도 처음에는 '표지를 바꾸면 안 된다'고 말했다. 그러나 표지를 바꾸지 않으면 포스터를 활용한 평범한 캠페인이 되어버리기 때문에 우리 측에서도 의견을 굽힐 수 없었다.

모든 협상 끝에 낸 결론은 '이것은 커버(표지)가 아니라, 띠지다'라는 것이었다. '표지를 바꾸는 것이 아니라, 큰 띠지를 두르는 것이다'라고 설명을 하여 겨우 설득했다.

앞서 말한 골프 세트 이야기의 경우라면, 아내에게 '골프가 하고 싶다'고 말하는 것이 아니라 '다이어트를 하고 싶다'고 말하는 것도 하나의 방법일지도 모른다. 노는 것이 아니라 건강을 위해 사고 싶다는 이유를 대는 것이다.

진짜 목적은 '골프를 즐기고 싶다'였더라도 그 점을 강조하는 것이 아니라 '다이어트를 해서 건강해지고 싶다'고 주장한다. '내가 건강하게 장수하면, 우리 가족이 평안하다'고 아내의 입장에서 이 점을 설명하기도 한다.

양쪽의 사정은 다르지만 '둘의 미래'와 '나의 미래'가 겹치는 부분은 반드시 있다. 협상이란 '나에게는 이것이 필요하지만, 당신은 무엇이 필요한가?', '그리고 당신이 양보할 수 없는 것은 무엇인가?'를 맞추어가며 겹치는 부분을 찾는 것이다. 생각을 맞추어 서로에게 좋은 미래로 향하는 것이라는 생각을 공유한다면 잘 해결될 것이다.

쇼와 시대 위대한 정치가, 다나카 가쿠에이는 "세상은 흑과 백만 있는 것은 아니다. 적과 아군만 있는 것도 아니다. 그 중간에 회색이 있으며 이것이 가장 넓다. 이를 받아들이지 않으면 어쩔 것인가? 천하는 이 회색을 아군으로 삼지 않으면 절대 얻을 수 없다. 진리는 항상 중간에 있다"는 명언을 남겼다.

명쾌한 타협을 목표로 삼는다: 이는 '타협'이 아니라 '지양'이다

일을 하는 한, 반드시 '진퇴양난'을 마주한다. 그보다는 진퇴양난에 빠지는 것이 일의 본질이라고 해도 좋다.

최근에 광고대행사 신입사원이 '클라이언트와 크리에이터 사이에 끼여서 괴롭다'고 상담을 청했다.

일이라는 것은 모든 상황에 끼이게 되는 것이다. 광고 일을 하는 나는 중간에 끼이기의 전문가다. 즉, 이해관계나 동기가 다른 각 주체와 잘 협상하면서 최종적으로는 단 하나의 목표를 지향한다. 진퇴양난인 상황을 매니지먼트 하는 것에 즐거움을 느끼지 못한다면 일은 어렵다.

특히, 광고 일에서 중요한 진퇴양난 중 하나는 클라이언트와 소비자 사이에 끼이는 상황이다. 클라이언트는 광고 상품의 이름을 크게 하고 싶다고 말한다. 그러나 세상의 모든 소비자는 상품 이름에 흥미가 없다. 상품명이 커지면 커질수록 광고같이 보이고 소비자가 싫어한다는 것을 우리는 알고 있다.

그래서 우리가 그 사이에 끼여서 조정하는 것이다. 상품명을 크게 표시하고 싶은 클라이언트의 마음과 소비자가 위화감을 느끼지 않는 크기 사이에서 균형을 찾는다. 얼핏 보기에 별것 아닌 것을 두고 아슬아슬하게 맞서 싸운다. 이것은 이것 나름대로 꽤 재미있고 지적인 업무이기는 하다. 이런 의미에서 보면, 세상 모든 일은 끼인 것이며 협상으로 이루어진다고 말할 수 있다. 진퇴양난은 디폴트(기본값), 즉 업무의 전제 조건이다. 진퇴양난 상태에서 해결책을 어떻게 찾아나갈 것인가? 이것이 문제다.

협상에 있어서 타협은 부록 같은 것이다. 아무래도 타협해야만 하는 순간이 있다. 그럴 때 나는 자주 '**명쾌한 타협**'이라는 말을 사용한다.

앞에서 말한 『킹덤』의 조건으로 '표지를 바꾸면 안 된다'는 말을 귀에 딱지가 생기도록 들었다. 그러나 띠지를 바꾸는 방식으로 '명쾌한 타협'을 할 수 있었다. '표지를 바꾼다'는 것에서 한발 물러섰지만, 넓은 띠지를 둘러서 표지와 똑같이 보이도록 표현함으로써 원하던 것을 실현했다. 또한 이로써 상대방의 체면도 세웠다.

나고야 파르코에서 '모든 사랑이 세계 제일'이라는 캠페인에 관여할 때의 일이다. 그 캠페인을 온라인 매체 '허프포스트'의 기자에게 소개해달라고 부탁했다. 그런데 "새로운 비즈니스 모델이라기보다는 어디까지나 일반적인 광고인데다가, 나고야에서만 있는 일이고 전국적이지 않으니 조금 어렵다"고 거절당했다.

그래서 나는 그 캠페인이 '사랑의 다양성'을 주제로 하고 있음을 중점적으로 설명했다. '사랑'이라고 하면 흔히 젊은 남녀 커플의 이야기로만 여겨지지만, 남성끼리의 사랑도 있고 노년 부부의 사랑이라는 형태도 있다. 이런 내용을 기반으로 '파르코는 다양성 사회에 근거하여 모든 연애, 모든 사랑을 응원합니다'라고 의견을 표명하는 기획이었다. 이는 나고야에 한정된 것이 아닌 일본 전체, 전 세계가 관심을 가지고 있는 주제였으며, 요즘 언론이 보도하고 논의해야만 할 주제임은 명백했다.

한편으로 '허프포스트'도 다양성이 있는 사회를 실현하는 것을 응원하는 언론이므로 동성애자 측면에서 자주 의견을 냈었다.

나는 한 번 거절당한 뒤에, 한 번 더 다른 접근법으로 설명했다.

"이번 캠페인에서 사용한 포스터 중 동성애자 커플 편이 있습니다. 그는 이번 광고 모델로 나서기까지 매우 큰 내적 갈등을 겪었지만, 이를 극복하고 카메라 앞에 서주었습니다. 꼭 말하고 싶은 것이 있었기 때문입니다. 그 모델의 생각을 취재해주실 수 없나요? 이 취재는 지금 허프포스트라는 매체가 해야 할 일이라고 생각합니다"라고 상담을 청했다.

기자는 "우리가 지금 해야 할 일과 일치하네요"라고 말하며 받아들였다. '대화를 통해 사회를 진보시킨다'는 허프포스트의 방침과 일치하며 다루어야 할 주제로 이해해주었다. 물론 그 모델은 자신이 광고에 도전한 계기를 허프포스트에 이야기했고, 이는 나고야 파르코라는 브랜드가 피력하는 '모든 사랑의 형태를 응원한다'는 메시지를 강력하게 전달하는 결과로 나타났다.

이 일도 원래 '광고를 소개했으면 좋겠다'고 요구한 내용으로 본다면 '타협'일지도 모르겠다. 그러나 결과적으로는 더욱 고차원적이고, 좀 더 많은 사람에게 의미 있는 전개가 되었다. 이 또한 '명쾌한 타협'이라고 해도 좋을 것이다.

매체가 지향하는 이념과 클라이언트의 광고를 소개해달라는 요구 사이에 끼여서 모두에게 좋은 방법은 없는지 고민한 결과가 인터뷰 기사라는 형태로 도출되어 모든 관계자가 만족하는 아웃풋을 만들어낸 것이다.

'타협'에는 꺾인다든가 진다는 이미지가 있다. 그러나 모든 관계자에게 이점이 있는 명쾌한 타협이 될 때, 이는 '패배'가 아니다. 모두에게 있어 승리다.

역사 철학자 헤겔이 주창한 변증법에서는 A와 B의 의견이 대립할 때 그 두 의견이 부딪쳐서 더욱 좋은 의견이 생긴 것을 '지양止揚'이라고 부른다. 어느 한쪽이 완전히 양보해서 '10 대 0'으로 행복을 실현하는 것보다도 '6 대 6'의 행복을 실현하여 총합이 12가 되는 쪽이 더 좋다. 더 나아가서는 '20 대 20'처럼 상상도 못 했던 좋은 결과가 생기기도 한다. 협상은 일방적인 승리와 패배가 아니라 서로의 이점을 끌어내어 더욱 고차원적인 결과에 다다르기 위한 '지양'을 지향했으면 한다.

헤겔은 "세계사란 자유의지의 진보다"라고 주장했다. 쉬운 타협을 하지 않고, 지양하는 것을 목표 삼아 계속 논의해야 인간의 진보가 있는 것이다. 긍정적이어서 좋지 않은가?

'논리'보다 '악수할 수 있는 것'이 더 중요하다

비즈니스에서는 흔히 '논리성'이 중시되지만, 실은 논리적인 것은 그다지 중요하지 않다. 논리적인 것보다는 악수를 할 수 있는 것이 더 중요하다. 논리는 악수하기 위한 유력한 하나의 수단에 지나지 않는다. 논리보다는 공감하는 편이 좋은 경우가 얼마든지 있다. 합리화할 이유를 대자면 명확히 A였지만, 아무래도 내키지 않아 결과적으로는 B를 결정하고 말았다. 드래곤 퀘스트 5: 천공의 신부(닌텐도 게임으로 결혼 이벤트가 스토리상 주요 과제다-옮긴이)의 결혼 문제를 예로 들 것도 없이 누구나 이런 경험이 있을 것이다.

애초에 말은 전부 거짓이다. 허구라고 말하는 편이 맞을까? 말은 모두 세상에 있는 것을 '재현'한 것에 지나지 않는다. 내가 말하는 '커피'라는 '기호'는 커피가 아니다. 근대 언어학의 아버지, 소쉬르는 '시니피에(기의)'와 '시니피앙(기표)'이라고 표현했다. 세계의 현실로 존재하는 것을 이미지로 바꾸고 이를 한 번 더 말로 바꾼다.

현실의 존재(세계) ⟶ 개념(시니피에: 기의) ⟶ 정보(시니피앙: 기표)

<구체적으로는> 차 ⟶ 차라는 이미지 ⟶ 차라는 단어

차를 사진으로 찍어서 그 사진에 무엇이 찍혀있는지를 친구에게

설명한다. 이 설명과 실물인 차가 동등해지는 일은 절대 일어나지 않는다. 현실의 실물이 이미지가 되는 시점에서 다양한 정보가 사라지고 이미지가 단어가 되는 과정을 거치며 어긋나버린다.

단어 자체가 현실을 압축해서 공유하기 위해 재구축한 압축 파일에 지나지 않는데, 그 압축 파일에는 원본도 거짓도 없다. '사랑'도 '평화'도 '사회'도 '업계'도 모두 기호일 뿐인데 이에 대해 진위를 묻는 것이 오히려 시건방진 느낌이다. 결국, 말은 도구일 뿐이다. 말이란 이 정도 선에서 인지하고 친해져야 오래도록 사이좋게 지낼 수 있다.

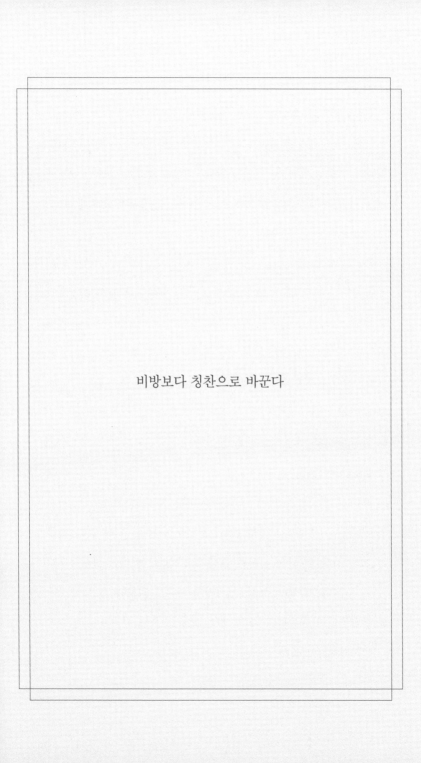

비방보다 칭찬으로 바꾼다

내 트위터는 말하고 싶은 대로 마음껏 말하는 것처럼 보일지도 모르겠지만 그다지 악플은 없다. 기본적으로는 험담이나 타인에 대한 비판은 쓰지 않도록 한다. 의견 차이가 있더라도 '나는 다르다고 생각한다'고 굳이 말할 필요는 없다. 논의할 필요가 있으면 본인에게 직접 말한다. 공개적인 SNS라는 미디어로, 심지어 한정된 140자로 의견을 나누는 의미를 모르겠다.

얼마 전 트위터에서 '혼혈아를 낳고 싶은 분에게'라는 광고에 악플이 넘쳐났다. '기모노를 입으면 외국인 남성에게 인기를 얻으므로 혼혈아를 낳고 싶다면 기모노를 입읍시다. 기모노는 좋은 것입니다'라는 메시지의 광고였다.

물론 광고 표현으로는 부적절하다. 그러나 그 광고는 3년 전에 만들어진 것이었다. 이제서야 그 광고를 거론하며 '이는 틀리지 않느냐'고 비난하는 것에 위화감을 느꼈다.

'지금이라면 이런 광고는 분명 실리지 않는다', '세상이 조금씩 살기 좋아지고 있네요'라는 식의 생각이라면 이해할 수 있지만, 과거의 광고를 문제 삼아 비난해봤자 그 누구도 득 볼 것이 없다. 기술이 계속 업데이트되는 것처럼 인간의 도덕심도 업데이트되는 것이다. 정기구독으로 음악을 듣는 시대에 레코드플레이어를 언급하면서 불편하다고 비판하는 것은 바보 같다. 순수한 마음으로 인간의 진보를 기뻐하고 싶다.

SNS가 보급됨에 따라 조금은 좋지 않게 여겨지는 것들이 있다.

지금은 사회 문제나 세상의 모순을 발견해서 SNS에 다른 의견을 올리면, 그 사람의 주장에 찬성하는 사람들이 모여서 인기를 얻기도 한다. 물론 세상에 의문이 있으면 올리는 것도 좋지만, 이것이 지나치면 사회 문제를 자신의 브랜딩에 이용하는 것처럼 보일 때가 있다. 예를 들면, 도로에 있는 똥을 주워 모아 광장에 쌓아 올리고 이 마을에는 '이렇게나 많은 똥이 있어요!'라고 시끄럽게 떠드는 것과 같다. 그런 짓을 할 여유가 있다면, 나는 거리의 모든 장소에 꽃을 심고 싶다. 실제로 자연이 아름답게 가꾸어진 거리에는 쓰레기를 함부로 버리지 않는다고 한다.

'공격할 대상을 찾는 인생'은 괴롭다. 세상의 공기를 바꾸고 싶다면, 비방하면서 바꾸기보다 칭찬하면서 바꾸어가고 싶다. '이런 광고는 안 된다'고 지적하는 것이 아니라, '이런 광고는 멋지다'고 말할 수 있는 광고를 찾고 싶다. 더 나아가서는 좋은 광고를 만들고 싶다. 비판이 아니라 찬성, 또는 창조로 세상을 진보시키고 싶다.

나는 트위터나 인터뷰에서 자주 공격적으로 말한다는 이미지가 있지만, 실제로는 공적인 매체에서 특정한 누군가를 공격하거나 부정적인 발언을 하지 않는다. 예를 들어, 쓸데없는 광고가 있더라도 나는 뒤에서 이를 만드는 사람들의 노력을 이해하고 있다. 그래서 좋지 않은 광고가 있더라도 부정하기보다는 이를 극복할 수 있도록 더 좋은 것을 만드는 행위를 통해 세상의 풍경을 아름답게 덧칠하고 싶다.

동료가 하는 일 중에서 당신이 찬성할 수 없는 것이 있다고 하자. 또는 가정에서 배우자의 행동이 마음에 들지 않는다고 하자. 그럴 때는 그저 공격하면서 충고하기보다는 당신이 이상적이라고 생각하는 일이나 자신의 행동으로 커버해주길 바란다. 당신의 그런 말, 그런 행동이 자신과 세상을 조금이라도 나아지게 할 수 있는지, 감정에 몸을 맡겨 공격하기 전에 잠깐만이라도 생각해보길 바란다.

제 4 장

말로 미래를

만드는 방법

행복해지려면 대체 무엇이 필요할까? 돈? 가족? 일의 성공? 사랑하는 파트너? 아니면 많은 사람에게 인기를 얻고 싶은가? 계속할 수 있는 취미가 있으면 될까? 좋다. 뭐든지 좋고, 뭐라도 좋다. 이런 질문에 대한 답은 수없이 많을 것이다.

"돈벌이는 수렁이니까⋯⋯"라며 슬픈 얼굴로 이야기하던 대부호를 만난 적도 있고, "무서워, 이제 그만하고 싶다⋯⋯"며 무릎을 감싸고 떨던 격투기 세계 챔피언도 알고 있고, "난 살아있을 의미가 없어요"라며 울던 국민 아이돌도 있었다.

행복이란 어렵다. 그게 뭔지 모르면서도 그곳에 다다르고 싶다는 생각만 앞서기 때문이다. 황금이 있는지 없는지도 모르면서 황금의 나라 지팡구로 노를 저은 대항해 시대의 승선자들이 있었다. 그들은 결국 아메리카 대륙에 도착하여 그곳을 하나의 종착지로 삼았다.

이 이야기에서 배울 수 있는 것은 딱 한 가지다. 종착지란 계속 찾는 것이 아니라 스스로 정하는 것이라는 점이다. 이것이 종착지다. 이것이 지팡구다. 이것이 우리가 목표로 삼은 장소라고 말이다.

그렇다. 그러므로 당신이 행복해지고 싶다면, 먼저 자신의 행복이 무엇인지 정해야 한다. 그렇다면 무엇으로 정할 것인가? 물론 말로 해야 한다.

당신이 행복해지기 위해서라도 '말'을 잘 사용해야 한다.

지금의 일본은 평화롭고 의식주에 어려움을 느끼는 사람이 많지 않다. 평범하게 살기 위해서는 돈도 그다지 많이 필요하지 않다. 명품 의류도 수입 스포츠카도 필요 없다. 미슐랭의 별 3개짜리 레스토랑에 가지 않아도 행복해질 수 있다. 물질적인 것은 충분하다.

그러면 모든 사람이 행복한가라고 물으면 그렇지는 않다. 물질적으로는 풍요롭다고 해도 행복한 사람과 그렇지 못한 사람이 있다. 요즘은 20대 사업가가 늘어나고 있다. 그들과 이야기를 나누어 보면 특징적인 것이 있다. 그들은 '좋은 옷을 사자'거나 '좋은 차를 타자'고 생각하지는 않는다. 그보다는 '세상을 좀 더 편리하게 만들고 싶다', '고생하는 전 세계의 어머니들을 돕고 싶다'처럼 사회가 더 좋아지도록 구체적인 비전을 찾는다. 이것이 그들에게는 '행복'인 것이다.

그들은 자신만의 행복을 '말'로 정의하고 있다. 누군가에게 받은 스포츠카를 타고 브랜드 가방을 잔뜩 진열하는 것처럼 막연한 성공의 이미지에 혹하는 일이 없다.

현대 사회에서 행복해지려면 누구나 자신만의 행복을 '말'로 정의할 필요가 있다. 일을 필사적으로 하지 않아도 최소한의 의식주가 가능한 시대다. 그러므로 자신에게 있어서 행복에 대한 구체적인 이미지를 스스로 정해놓지 않으면 일을 열심히 할 이유를 잊어버린다.

반대로 '열심히 해야만 한다'는 강박관념으로 고통받는 사람도 많다. 그런 경우에는 가슴을 펴고 열심히 하지 않겠다고 결심해도 된다. 모든 사람이 긴자의 클럽이나 고급 스시집에 갈 필요는 없다. 편의점 샌드위치와 커피로도 정말 행복해질 수 있다. 가격은 100배나 차이가 나지만, 그 차이가 100배 이상의 행복으로 이어지는지 여부는 받아들이는 사람이 느끼기 나름이다. 어느 쪽이라도 행복하게 살아갈 수 있다.

그러므로 자신의 행복을 정의한 사람은 '훌륭하다'.

타인이나 회사의 요청에 이끌리지 않고 자신이 목표 삼은 자신만의 행복을 향해 나아갈 수 있다.

평범하게 살아도 그럭저럭 살 수 있는 세상에서 '누군가를 행복하게 하고 싶다', '후세에 이름을 남기고 싶다', '이것만은 손에 넣고 싶다'는 자신만의 욕망이나 행복의 형태가 보이는 사람은 망설이지 않는다. 흔들리는 일도 없다. 그러므로 빠르게 멀리까지 갈 수 있다. 자전거 경주에서는 차체가 안정될수록 최고 속도를 유지할 수 있다.

"우리는 모두 시궁창에 있다. 거기서도 별을 바라보는 놈이 있다"는 오스카 와일드의 말을 기억해주었으면 한다.

마지막 장에서는 자신을 지탱하고 변화시킬 수 있는 말에 대해 내 이야기를 섞어가며 설명을 이어가고자 한다.

언제나 나를 지탱해온 것은

말이다

말은 사람을 죽일 수도 있고, 반대로 살릴 수도 있다.

'일에 찌들었을 때 어떻게 하나요?'라고 질문을 받을 때가 있다. 이 질문에 대한 재치 있는 답변은 나도 갖고 있지 않다. 일에 찌들어 있지 않은 적이 한 번도 없었기 때문이다.

나는 2007년 하쿠호도에 입사해 마케팅 플래너로 커리어를 시작했다. PR국을 거쳐 TBWA하쿠호도에서 일한 뒤에는 독립하여 GO를 설립했다. 그리고 크리에이티브 디렉터로서 계속 일을 하고 있다. 13년간의 경력을 통틀어 단 한 번도 유리한 조건의 일을 해본 적이 없다. 예산이 없거나, 일정이 촉박하거나, 인지도가 없었다. 가장 흔한 것은 전례가 없는 일이었다. 항상 불리한 조건, 절망적인 상황에서 시작하는 일뿐이었다. 역전극이 일상다반사인 인생이었다. 생각해보면 당연하다. 광고 일의 본질은 아이디어로 문제를 해결하는 것이므로, 클라이언트가 지금까지 쌓아온 상식이나 그 업계의 지식만으로는 방법이 없어서 고민한 끝에 우리에게 말을 거는 것이기 때문이다. 당연히 처음에는 나도 머리를 쥐어짠다.

이럴 때는 언제나 나를 고무시키는 말을 생각한다.

예를 들면, 『아이실드 21』이라는 미식축구를 소재로 한 만화에서 나오는 말도 잊을 수 없다. 신체 능력이 부족한 팀 리더인 '히루마'는 항상 동료들에게 말한다. **"없는 것을 투정할 정도로 한가하지 않아. 가진 것으로 최강의 전투법을 찾는 거야, 평생."** 리게인(자동차 연료 첨가제-옮긴이)이나 레드불보다 500배 정도 효과적인 느낌이 든다.

이러한 말을 부적처럼 가슴에 숨기고 있다. 아이디어, 노력, 창의력, 말하는 방식은 어떻든 좋다. 답은 존재하고, 어떤 위기라도 생존 방법은 반드시 있다. 그렇게 믿는다.

말은 마약이다.

잘못 사용하면 몸을 망치지만, 잘 사용하면 나를 긍정적으로 착각하게 만들어서 엄청난 힘을 끌어내기도 한다. '해보자, 해야만 한다'고 생각할 수 있게 된다. 자신의 에너지도 되고 앞으로 나아갈수 있는 계기도 된다. 세상을 다르게 보는 방식을 발견할 수 있다. 이 마약의 장점은 의존증은 있으나, 부작용은 없다는 것이다. 그리고 무엇보다 저렴하다. 스스로 만들어낼 수도 있다.

말을 바꾸면 일을 대하는 자세도 바뀐다.

최근에는 이직을 '조인^{Join}'이라고 표현한다고 한다.

예를 들어, 내가 일하던 대형 광고회사에서도 3~4년간 일한 뒤 스타트업으로 이직하는 사람들이 있었다. 큰 회사에서 무명의 작은 회사로 간다는 것은 잘 모르는 사람이 보면 '격이 떨어지는' 일일지도 모른다. 그러나 이것을 '이직'이라고 표현하지 않고 '조인'이라고 말하면 이직하는 개인과 받아들이는 기업이 대등한 것처럼 느껴진다. 주변에 자신을 좋게 보일 수도 있고, 스스로도 기분이 좋아질 것이다(사실 본질적으로 이직하는 기업과 개인의 가치가 대등하므로 이전의 이직 시장처럼 상하관계가 성립되었던 것이 이상하다고 생각한다).

요즘은 페이스북이나 트위터 등을 통한 '프로필 검색 사회'다. 자신의 이력서를 어떻게 완성해갈 것인가? '하쿠호도에서 ○○사로 이직'이라고 쓰기보다는 '하쿠호도에서 ○○사로 조인'이라고 쓰는 편이 왠지 좋은 느낌이 든다. 얼핏 보면 겉멋을 부리는 것처럼 보일 수도 있지만 나로서는 '대등한 파트너로서 합류했다'고 스스로를 납득시킬 수 있다. 일에 임하는 자세도 달라질지 모른다.

내가 하쿠호도에서 신입 플래너로 일할 때는 근무시간을 제한한다든지, 건강관리라는 개념이 전혀 없어서 지금 보면 어처구니없을 정도로 필사적인 자세로 일했다. 과장하는 것이 아니라, 개인적인 사정이 없는 날에는 밤 12시 전에 회사를 나온 적이 없었다. 그런 생활을 10년간 계속 할 수 있었던 것은 내가 스스로 열심히 할 수 있는 스토리를 만들어서 철저한 자기 암시로 사기를 높였기 때문이다.

지금 생각해보면 왠지 부끄러우면서도 귀여운 나만의 스토리 설정이지만 말이다.

2007년에 프라이드라는 격투기 단체가 미국에 매각된 일이 있었다. 당시 프라이드는 테니스의 윔블던처럼 그 분야의 최고의 운동선수들이 전 세계에서 모여드는 공간이었다. 나는 고등학생 때부터 직접 경기를 보기 위해 거의 모든 대회에 갔었다. 그런 일본을 대표하는 엔터테인먼트 사업이자, 나의 청춘의 기억 그 자체가, 자본주의 시장과 미디어 비즈니스의 다양한 사정 때문에 미국에 매각되어 일본에서 흔적도 없이 사라지게 된 것이다.

그 무렵에 마침 하쿠호도에 입사하게 된 나는 '프라이드가 없어진 해에 나는 콘텐츠 비즈니스 세계에 발을 담그게 되었다. 프라이드처럼 일본의 문화 부흥을 위해 이 일을 위임받은 것이다'라고 믿었다. 제멋대로인 생각이다. 그래도 이 엉뚱한 믿음이 10년 이상 내 엉덩이를 토닥이고 있다. 프라이드에 감사한다. 그리고 대학 시절 동경하던 바로 그 프라이드의 마지막 에이스와 10년 후 친구가 되었다는 이야기는 덤이다.

"인생은 멋지다, 싸울 만한 가치가 있다." 이것은 헤밍웨이의 말이다.

말을 사용해서 믿는다.

말로써 미래를 정한다.

말로써 나를 확장한다.

'그럭저럭 열심히 해서 부장이 된다'고 생각할 것인가, '회사가 존재할 방식을 바꾸는 위치가 된다'고 생각할 것인가?

말에 의해 '자세'도 바뀐다. 인생 그 자체도 바뀔 것이다.

생각을 조심하세요, 그것이 언젠가 말이 되니까.

말을 조심하세요, 그것이 언젠가 행동이 되니까.

행동을 조심하세요, 그것이 언젠가 습관이 되니까.

습관을 조심하세요, 그것이 언젠가 성격이 되니까.

성격을 조심하세요, 그것이 언젠가 운명이 되니까.

-마더 테레사

미래를 만들고

과거를 바꾸고

현재를 단단하게 한다

이런 이야기를 알고 있는가?

케네디 대통령이 나사를 방문했을 때, 사무실 청소를 하는 사람에게 "당신들은 무엇을 하고 있습니까?"라고 말을 걸었다. 한 남자는 "청소를 하고 있습니다"라고 답했고, 다른 한 남자는 "인류를 달에 보내는 프로젝트를 도와주고 있습니다"라고 답했다.

둘 중 더욱 즐겁게 보람을 느끼며 일하는 사람은 누구일까? 답은 명백하다.

더욱 큰 목표, 의미 있는 비전을 이야기하면 지금 하는 일의 의미도 바뀐다. 아무리 작은 업무라도 사회적으로 큰 의미가 있는 일의 일부라고 느끼는 것이 중요하다.

하쿠호도에 들어가서 처음으로 한 일은 환경성의 '팀·마이너스 6퍼센트'라는 프로젝트의 기획서 목차를 만드는 것이었다. 그때 나는 '왜 이런 것을 해야 하지'라는 생각을 억누르기 위해 적극적으로 착각을 했다. 기획서의 목차를 만드는 것이 아니라 일본 환경을 개선하는 프로젝트의 첫 페이지를 만들고 있다고 믿음으로써 스스로 북돋운 것이다. 스스로 일을 어떻게 정의하느냐에 따라 임하는 자세가 완전히 달라진다.

비전에 대해 이야기하는 것은 '말로 미래를 만드는 것'이다.

자신의 미래를 말로 표현하면 그와 동시에 '현재'의 의미도 말로 보충할 수가 있다. 즉, 현재의 나를 더욱 단단하게 만드는 일과도 연결된다. 어디로 향하는지도 모르고 그저 앞으로 나아가는 사람과 '저 산을 오를 거야'라고 정한 사람이 나아가는 방향은 다르다. 후자의 '한 걸음'이 더욱 강력한 힘을 가질 것이다.

그리고 말은 무엇보다 '과거'의 의미도 바꿀 수 있다.

'그때 실패했었다'고 생각하는 것이 아니라 '그때 여러 가지를 배웠다', '도전했다'고 생각하면 '현재'도 달라진다. 과거에 일어난 일을 '실패'로 인식할 것인가, '배움'으로 인식할 것인가? 도약을 위한 발판이 되었다고 생각할 것인가? 이것만으로도 삶의 방식이 바뀐다.

나는 광고대행사에 들어갔을 때 크리에이티브 부문으로 가고 싶었지만, 배치된 곳은 마케팅 부문이었다. 처음에는 꽤 충격이었다. 동료가 크리에이터로 이름을 날리고 화려한 광고를 만드는 것을 옆에서 보면서 재미없는 조사나 데이터 분석 같은 걸 계속하게 되었다. 바라던 바도 아니었고 이대로 지겨운 일을 하며 살 수밖에 없다고 절망했던 때도 있다.

그러나 지금은 GO를 세우고, 크리에이티브 디렉터로서 신규 사업 개발과 조직 개혁 등 지금까지 크리에이터가 하지 않았던 새로운 분야의 일을 하고 있다. 창업하고 1년 이내에 30~40퍼센트의 회사가 폐업한다고 하지만, 우리 회사는 덕분에 아직 망하지 않았다. 그러기는커녕, 20명 이상의 팀으로 성장하여 성과를 계속해서 내고 있다. 이것이 가능했던 것은 과거 하쿠호도 마케팅 부문에서 배웠던 것이 큰 무기가 되었기 때문이다. 마케팅 이론을 기반으로 의도적으로 크리에이티브를 할 수 있는 능력은 큰 강점이 되었다. 마케팅 부서에 소속된 당시에는 굴욕적이고 불행하다고 생각했지만, 결과적으로는 그 과거의 일이 현재의 나에게 무기가 되었다. 당시에 정말 콧대만 높아서 큰 착각을 했던 나를 돌봐주고, 마주보고, 포기하지 않았던 그때의 상사와 선배들은 지금도 가족처럼 생각하고 있다. 혼났던 기억마저도 지금은 매우 사랑스럽다.

과거를 미화하고 있냐고? 물론이다. 과거에 일어난 일을 그저 굴욕이나 후회의 경험으로 여길 수도 있지만, 지금 내 생각을 바꾸고 과거에 새로운 의미를 주어 '지금을 견뎌내기 위한 무기'로 재생산할 수도 있다. 그리고 과거의 의미를 바꿈으로써 현재가 더욱 단단하고 아름다워진다. 지금이라는 순간은 모든 과거의 끝이자 하나뿐인 소중한 순간이라고 실감할 수 있을 것이다.

하쿠호도 시절에 3개월 정도 회사를 쉬어야만 했던 시기가 있었다. 어떤 블로거가 '미우라의 일은 스텔스 마케팅(소비자에게 광고인 것을 숨기고 광고 행위를 하는 것)이다'라는 기사를 썼기 때문이다. 기사 내용은 절반 이상이 거짓이었지만, '스텔스 마케팅의 주범'이라는 누명을 쓰고 휴직 비슷한 형태의 처분을 받은 것이다.

기사에 언급된 것 자체도 매우 굴욕적이었지만, 3개월이나 일이 없으면 사람은 쉽게 마음의 병을 얻는다. '이제 이 업계에 복귀하지 못하는 것은 아닐까?', '복귀해도 크리에이터가 아니라 단순 사무를 담당하게 되는 것은 아닐까?' 하고 절망했다. 이 사건은 대기업에 소속되어 있다는 것의 단점을 실감하는 계기가 되었다.

하쿠호도는 대기업이며, 쉽게 말해서 '감점주의 인사평가' 문화를 가지고 있었다. 계속 근무한다고 해서 이 회사가 나를 중요하게 생각할 일은 없을 것이다. 함께 일하는 사람들이 모두 착해서 사건 후에 바로 대우가 달라지진 않았지만, 가까운 미래에 큰 페널티가 있을 것이라고 어렴풋이 느끼고 있었다.

또한 잘못된 보도에 가까웠지만, 회사는 우왕좌왕했다. 이는 하쿠호도라는 조직 자체에 대한 실망으로 이어졌다. 한편으로는 '개인과 기업이 인터넷을 통해 비등하게 마주하는 시대가 오고 있다'고 느꼈다. 그렇다면 대기업 안에서 주변을 배려하면서 눈치를 보며 사는 것보다는 역동적으로 자신의 의사를 자유롭게 말할 수 있는 장소에서 싸우자는 생각이 들었다.

만약 그 사건이 없었다면 좀 더 오래 하쿠호도에서 일했을 가능성도 있다. 당시에는 정말 괴로웠지만, 그 사건이 있었기에 입사 10년 만에 비교적 빠른 독립을 할 수 있었다. 지금 생각해보면 '그때 그 일이 있어서 잘 됐다'고 생각할 수 있게 됨으로써 과거의 의미를 '변화'시킬 수 있었던 것이다.

솔직히 막말하자면, 당시에는 그 블로거를 정말 한 대 치고 싶은 마음이었다. 그러나 지금 그를 만난다면 '아, 안녕하세요. 당신 덕분에 매우 힘들었어요. 뭐, 결과적으로는 잘 됐지만요'라고 가볍게 인사할 수 있을 것 같다.

그리고 그 당시에 방송작가인 스즈키 오사무가 자주 상담을 해주었다. "이번 일을 계기로 하쿠호도를 그만둬. 그때 그 사건 덕분에 하쿠호도를 그만둬서 다행이라고 말할 수 있는 날이 올 거야"라는 말을 해주었다.

나와 같은 와세다대학교 동창생이자 롯폰기에서 유명한 카바레 클럽 아가씨였던 여성이 있다. 지금은 대기업 상사에 근무하는 남성과 결혼해서 평온한 가정을 꾸리고 있다. 아이는 둘인데 엄청 귀엽다. 남편에게는 옛날의 그 아르바이트 이야기는 하지 않은 듯하다. 얼마 전 오랜만에 만났을 때 "여러 일이 많았지, 후회하니?"라고 물으니 "그건 그 나름대로 필요했던 과거"라며 시원한 웃음과 함께 답해주었다. 이 말도 요즘 자주 생각나는 힘이 되는 말이다.

한때는 굴욕이었거나 위기였어도 노력을 하거나 해석을 달리함으로써 '필요했던 과거'로 바꿀 수 있다. 모든 경험은 미래를 위해 필요한 소재일 뿐이다.

과거는 바꿀 수 있다. 이를 바꾸는 것은, 지금을 사는 당신이다.

인생의 지침이 되는

말을 가진다

세계가 변화하는 속도는 점점 가속화되고 있다. 내가 맞서고 있는 광고 비즈니스 세계도 크게 변화하고 있다. 계속 변화한다. 그런 격렬한 탁류와 같은, 태풍으로 인해 미친 듯이 날뛰는 강과 같은, 이 세계에서 내가 일을 계속할 수 있었던 것은 말과 같이 강력한 것을 지니고 있었기 때문이다. 이것은 칼이고, 에너지 음료이며, 약이고, 그 무엇보다 강력하다.

지금까지 나름대로 위기는 있었다. 결코 풍족한 환경에서 자란 것이 아니다. 그런 나를 지금까지 지탱해준 '인생의 지침'이 된 말을 몇 가지 소개하고 싶다. 어쩌면 그중 하나는 당신에게도 도움이 될지 모르니까.

우선 '**결론 내기에는 아직 이르다**'는 말부터 소개하겠다.

이 업계에 12년간 있으면서 서너 번 정도 살아남기 힘들다고 느낀 순간이 있었다. 돈 문제에 휩쓸리거나, 업계의 거물과 맞서기를 각오하고 잠자코 기다린 적도 있다. 전부 말할 수는 없지만, 여자 문제에 얽힌 적도 있다. '아, 내 경력은 이제 끝나버리는 걸까?'라고 생각한 상황도 여러 번 있었다.

그러나 지금도 이렇게 살아남아 일하고 있다. 감사하게도 GO도 회사로서 잘나가고 있다. 다만 내년이나 내후년에는 어떻게 될지 알 수 없다. 회사가 망할지도 모른다. 내 존재가 잊히거나 교통사고나 당뇨병으로 일을 할 수 없게 되는 상황이 생기지 않는다고 장담

할 수 없다. 반대로 지금 내가 건강하게 일을 하고 있다는 것은, 과거의 막다른 상황에서 본다면 어떤 의미에서 인생은 여러 번 역전의 기회가 있다는 것을 증명한다.

좋을 때도, 나쁠 때도, 이 순간이 인생의 결론은 결코 아니며, 답을 낸다는 것은 죽는 그 순간까지 불가능하다. 웃으면서 죽을까, 울면서 죽을까? 그중 무엇이 맞을지는 지금은 알 수 없다.

일이 잘되면, 방심하고 우쭐해지는 때도 있다. 그럴 때야말로 '**결론 내기에는 아직 이르다**'고 나에게 말한다. 물론 상황이 나쁠 때도 마찬가지다. '아니, 결론 내기에는 아직 이르니까'라고 생각을 고쳐먹고 다시 일어서기 위한 힘을 모은다. 몇 번이고 손바닥을 뒤집어 보일 테니 똑똑히 보아라, 즐거움은 지금부터다.

'**결론 내기에는 아직 이르다.**' 이 말은 다시 일어설 수 있는 계기도 되지만, 목덜미를 잡는 경고도 된다. 이 책도 잘 팔리면 기쁜 일이지만, 안 팔리면 어쩔 수 없다. 책이 나왔다. 의미 있는 것이 쓰여 있다. 누군가가 읽어줄 가능성이 있다. 지금 이 페이지를 읽고 있는 당신이 10년 후에 이 책을 지침으로 삼아 세상에 무엇인가 의미 있는 일을 할지도 모른다. 그것만으로 충분하다. 결론 내기에는 아직 이르다.

'**아직 시작도 안 했잖아**'라는 말도 자주 한다.

지금도 가끔 생각난다. 10여 년 전 하쿠호도 신입사원이었을 때,

동기인 동료들과 매주 밤늦게까지 영업하는 롯폰기 스타벅스에서 대화를 나눴다. 새벽 3시까지 일하고 만났으니 거의 아침이었다.

입사 동기는 100여 명이었지만, 거기에 모인 것은 겨우 5명이었다. 일에 자신의 인생을 전부 걸었다고 결심한 것처럼 구는 괴짜가 있어서 처음에는 질투나 경쟁심으로 서로 다투었지만, 여러 해가 지나고 어쩌다 보니 매주 새벽에 대화하는 사이가 되었다. 모두 제각각 현장에서 필사적으로 일을 했다. 아웃풋의 질도, 일에 임하는 자세도 다른 사원과는 차원이 다르다고 자기들끼리는 생각했겠지만, 주변에서 봤을 때 그런 것을 알 리가 없다. 대화 내용은 기가 막힐 정도로 추상적이고 막연했으며, 게다가 답도 없었다. 그런 쓸데없는 이야기를 매주 하고 있었으니, 당시에는 바빠 보였지만 실은 한가했을지도 모를 일이다. 아니면 체력이 무한정이었거나.

'우린 앞으로도 계속 이런 느낌일까? 언젠가는 대단한 사람이 될 수 있을까?'와 같은 이야기를 계속했었다. 아무리 일해도 내 이름은 거론되지 않는다, 세상에서 화제가 될 만한 큰일과 연관이 없다, 연관된다고 해도 너무 말단에 있다며 일에 대한 불만, 더 구체적으로 말하면 한심한 자신에 대한 불안을 서로 이야기하면서 상처를 쓰다듬으며 초조함을 억누르고 있었다.

늦은 밤부터 이른 아침까지 이어진 커피타임에서 답도 밝은 미래도 찾지 못한 채로, 다음 날 아침 미팅을 위해 헤어질 때 서로 주고

받았던 마지막 말이 '우리는 이제 끝난 걸까?'와 '아직 시작도 안 했잖아'라는 것이었다.

이 말은 기타노 타케시 감독의 영화 〈키즈 리턴〉의 마지막 장면에서 주고받은 대사다. 두 고등학생이 주인공으로, 한 명은 권투선수의 길을, 또 다른 한 명은 야쿠자의 길을 간다. 결국, 권투선수의 길도, 야쿠자의 길도 어중간하게 끝나버리고, 마지막에는 둘 다 지쳐 있었다. 그런 둘이서 자전거를 타면서 이 대화를 주고받는다. 영화에서 정말 멋진 마지막 장면은 꼭 어떠한 것이 시작될 것이라는 여지를 남긴다. 그런 의미에서 이 영화의 마지막 장면은 완벽했다. 이처럼 대단한 사람이 되고 싶었지만, 아무것도 되지 못한 두 젊은이에게 우리는 우리 자신을 오버랩했다. 이야기는 끝나지 않았다.

그 후로 10년이 흘렀다. 지금의 하쿠호도는 야근을 금지했다. 나는 GO라는 회사를 경영하고 있다. 다른 네 명 중 한 명은 이직을 반복하다가 어느 외국계 엔터테인먼트 기업의 가장 높은 자리에 있다. 그리고 나머지 세 명은 하쿠호도의 마케팅과 크리에이티브 부문에서 팀의 리더가 되었다. 지금도 두 달에 한 번은 모여서 랩 배틀을 위해 노래방에 가거나, 지방의 스시 맛집을 돌고 있다.

우리의 인생은 시작한 것일까? 우리가 타고 있는 자전거는 그때보다 조금 앞으로 나아간 느낌은 들지만, 대단한 사람이 되었다고는 아직 생각하지 않는다. 지금도 진짜로 '아직 시작도 안 했다'는 느낌이다. 그러고 보니 롯폰기 스타벅스는 2019년 9월에 심야 영업을 그만두었다. 2020년에 대단한 사람이 되고 싶은 신입들은 아직 시작하지도 않은 자신을 위해 대체 어디서 자신들이 서 있을 자리를 확인해야 할까? 내 인생은 언제쯤 시작될 것인가? 그런 생각을 하면서 이 원고를 쓰고 있다. 새벽이 가장 심적으로 안정되는 것은 그때도 지금도 같다.

인생의 목적을

말로 정의한다

당신은 '인생의 목적'을 명확하게 말로 정의하고 있는가? 나는 어느 한때를 계기로 '인생의 목적'을 말로 정의하고 있다. 조금 부끄럽지만, 이 기회에 써보겠다.

'인류에게 있어 가장 큰 질문에 답하는 인간이 되고 싶다.'

이것이 내 인생의 목적이다. 살짝 무슨 말을 하는지 감이 안 잡힐 것이다. 조금 구체적인 이야기를 해보자. 요즘, 패럴림픽에 대해 자주 생각한다. 패럴림픽이 시작된 순간에 대해서다. 근대 올림픽이 시작되고 얼마 지나지 않은 1988년 서울올림픽부터 패럴림픽은 정식 명칭이 되었고, 2000년 시드니올림픽 개최 중에 '올림픽 개최 직후에 같은 나라에서 개최한다'는 규칙이 제정되었다.

나는 패럴림픽의 창설자를 동경하는데, 이를 질투라고 해도 좋을 것이다. 이렇게 멋진 아이디어를 생각하고 실현한 힘과 이것이 실현되기까지 분주함과 실현한 순간의 열광적인 느낌을 생각하면 가슴을 쥐어뜯고 싶어진다.

패럴림픽이 아직 세상에 존재하지 않았을 때 필시 이런 움직임이 있었을 것이다.

"올림픽도 좋지만, 아무래도 운동선수의 대회라는 특성상 소수의 장애가 있는 사람은 즐기기 힘들지. 그들을 고려한 기획을 할 수는 없을까?"

"개회식에서 각 나라의 깃발을 들고 퍼레이드를 하죠? 거기에 장애인도 참가하는 건 어떨까요?"

"음, 괜찮은데, 조금 더 본격적으로 참여한 느낌을 줄 수는 없을까?"

"힘든 일이기는 하지만, 좋은 생각이 있어요."

"말해 봐."

"장애가 있는 사람만을 위한 올림픽을 개최하는 것은 어떨까요?"

"뭐라고……?"

"그건 장애인을 재미로 삼을 뿐이야. 심지어 다치면 어떻게 책임을 질래?"

"장애인이라는 한 단어로 말하지만, 각자 가진 문제가 다르니 평범한 운동선수처럼 통일된 규칙을 만들기도 어려워."

"전부 알고 있지만, 말해본 거예요. 그건 그다음부터 생각할 일이죠. 지금 논의해야 할 것은 해야 하나, 하지 말아야 하나잖아요? 그리고 지금 정해야 할 것은 할 것인가, 하지 않을 것인가고요."

이런 대화 뒤에 몇 가지의 기적이 일어나고, 초기 제창자인 굿맨 박사를 비롯한 몇몇 위인들의 분주한 나날이 이어졌을 것이다. 이런 과정을 거쳐서 지금의 패럴림픽은 누구나 알고 있는 세계적인 상식이자 올림픽과 마찬가지로 전 세계의 운동선수가 목표로 삼고 스포츠팬이 열광하는 국제적인 이벤트가 되었다. 패럴림픽만큼이나 다양성을 표현하고, 겉치레가 아니라 많은 사람을 모으고 그 의식을 바꾸어 국제적인 비즈니스로써 완성한 프로젝트는 없다. 나에게 있어 패럴림픽은 최고의 기획이자 최고의 광고이기도 하다. 전 세계에 다양성이 얼마나 필요한지와, 그리고 이것이 매우 평범한 것임을 거짓 없이 압도적인 강도로 전하고 있다.

이미 10년째 부르짖는 크리에이터로서의 내 철학이 있다.

'작품을 만드는 것이 아니라, 현상을 일으키는 것이 일'이라는 것이다. 패럴림픽만큼이나 새로운 현상이 된 프로젝트는 없다.

패럴림픽처럼 인류사회를 좀 더 진전시키는 프로젝트를 가능하면 많이 다루고 싶다. 궁극적으로는 이것이 나의 성공한 자아상이다. 그러므로 개인 제트기를 사지도 않을 것이고, 여배우와 결혼하지도 않을 것이다. 그저 이처럼 엄청나게 크고 막연한 욕망을 어떻게든 현실화하고 싶다. 그런 열정을 품고 나는 크리에이터라는 직업을 이어가고 있다. 내 인생의 목적을 위해, 지금의 일을 선택하고, GO라는 회사를 설립했다.

이것이 내 인생의 목적이다.

내 인생의 목적은 무엇인가? 이는 자신에게 있어서 행복이란 무엇인가를 생각하는 것에 가깝다. 인생을 통틀어 자기 자신을 행복하게 할 수 있다면 당신의 인생은 목적을 달성했다고 말할 수 있을 것이다. 그러니까 인생의 목적을 명확하게 규정할 수 있는 사람은 훌륭하다. 불투명한 시대에 살더라도 자기 나름의 지침이 있으면 길을 헤매지 않고 살아갈 수 있다.

기업의 마케팅도 비슷하다. 사내에서 꾸준히 토론하고 독자적인 핵심성과지표를 설정하여 사원의 이해를 돕는 기업은 성장이 빠르다. 어디를 목표로 삼아야 할지, 무엇을 해야 할지가 명확하기 때문이다.

그러면 내 인생의 목적을 정의하려면 어떻게 하면 좋을까?

우선은 '무엇을 할 때 가장 즐거운가?'를 생각해야 한다. 자신의 인생을 되돌아보았을 때 가장 즐거웠고, 순수하게 웃을 수 있었던 순간을 기억해보는 것이 좋다. 당신의 인생에서 가장 열정이 샘솟았던 순간을 기억해내라. 발견해내라. '회사에서 상을 받았을 때보다 고객에게 고맙다는 말을 들었을 때가 기뻤다'든지 '아내와 결혼했을 때 장인, 장모님께 고맙다는 이야기를 들었을 때가 기뻤다'고 떠오른다면 '아, 나는 고맙다는 말을 듣는 것을 좋아하는 사람이구나'라는 것을 알 수 있다.

지금까지 인생의 다양한 경험을 되돌아보고, 그 공통점을 찾아보면 행복의 핵심이 보일 것이다. 그다음은 행복을 현실화하기 위해 인생을 통틀어 이루고 싶은 목표를 말로 표현하기만 하면 된다.

'지구에서 벌어지는 쓸데없는 자연 파괴를 조금이라도 없애고 싶다', '아내와 아이가 웃으며 지낼 수 있는 가정을 만들고 싶다', '내가 나고 자란 마을 사람들을 응원하고 싶다' 등 뭐든지 좋다. 겉멋을 부릴 필요도 없다. 당신의 마음속 깊이 자리 잡은 말이면 된다.

회사도 목적이 명확한 곳은 강하다.

우리 회사 GO는 '크리에이티브의 힘으로 기업과 사회의 모든 변화와 도전에 집중한다'를 목적으로 정했다. GO에게 있어서 크리에이티브는 그저 멋진 디자인도, 멋지고 아름다운 카피도 아닌, '비연속적인 성장을 만들어내는 사고법'이라고 정의하고 있다. 이런 생각에 공감하는 크리에이터가 GO에 모임으로써 크리에이티브에 대한 세상의 인식이 달라질 것이다. 그날이 올 때까지 우리는 꾸준히 달릴 것이다. 우리가 내세운 GO 사인이 내려갈 일은 결코 없을 것이다.

물론 GO의 목표도, 내 개인적인 인생의 목표도 나중에 달라질 가능성도 있다. 그러나 지금 이 변화의 시대에서 살아남기 위해 '우선은 이 신념을 한 번 믿어봅니다'라는 각오는 흔들리지 않을 것이며, 꾸준히 빠르게 달리는 힘으로 바뀔 것이다.

우선 자신이 믿는 길과 나아가야 할 방향을 말로 정의한다. 개인도 기업도 비전 없이는 성장할 방법이 없으며, 점점 둔해지다가 언젠가 멈춰 설 것이다. 생활이 힘들지 않을 정도의 수익을 낸 뒤에는 기업도 개인도 다음에는 어디를 향하면 좋을지 모르게 된다.

당신의 비전은 무엇인가? 인생의 목적은? 장래의 목표는?

목적지는 말로 정의하지 않으면 도착할 수 없다. 뉴욕에 가겠다고 정하지 않은 배가 뉴욕으로 가는 일은 절대로 없다.

'시대가 원하지 않아도 우리는 여기에 있을 것이다. 시대가 미소 짓지 않아도 우리는 웃어넘길 것이다(타워레코드 광고에서).(타워레코드의 이런 광고 카피는 이미 전 세계적으로 디지털화되어 있는 음반 시장에 아직 남아있는 CD 음반 매장으로서 감성적 의미를 부여하기 위해서였다고 생각한다-옮긴이)

회사의 비전과 개인의 비전

회사는 누구의 것인가? 자주 받는 질문이다. 주주? 소비자? 직원 모두? 정답은 사회와 개인의 신념에 따라 달라지기도 하므로 한마디로 정의할 수는 없다. 사회와 공유하는 커다란 질문이므로 원칙론적인 답변을 한다고 질책해도 어쩔 수 없다. 그러나 확실하게 말할 수 있는 것은 회사의 비전과 목적을 정하는 것은 경영자다.

그러면 일하는 개인의 입장에서 회사의 비전과 자신의 비전이 다르다면 어떻게 해야 하는지가 문제가 된다. 회사를 관두고 싶은 문제 대부분은 이런 차이에서 비롯된다.

답은 세 가지 패턴으로 볼 수 있다. 하나는 간단하게 그만두는 것이다. 자신의 비전과 비슷한 비전을 제시하는 기업은 반드시 존재한다. 참으며 조직에 매달릴 필요는 없다. 그냥 현실적으로는 말하면, 회사를 관두지 않고 타협을 하는 방법도 분명 있다.

다른 하나는 그 회사를 내가 목표로 하는 방향을 단련하기 위해

'공부하는 곳'으로 삼는 것이다. 물론 나의 비전과 맞는 회사에 들어가는 것이 가장 좋지만, 입사 뒤에 회사의 비전이 내가 지향하는 비전과 다르다는 것을 알게 되기도 한다. 그럴 때는 회사가 '배우는 곳'이라고 결론지으면 된다. 이 회사에서 힘을 기른 뒤에 이직하거나 독립하면 된다. 그리고 반대로 배우면서 회사의 비전에 공감할 수 있을지도 모른다. 사람은 변한다. 변해간다. 그뿐만 아니라 회사도 달라진다. 그러므로 다음의 방법도 생각해볼 수 있다.

마지막 하나는 내가 회사의 비전을 결정할 수 있는 위치에 올라서 그 회사의 비전이 내 비전과 일치하도록 바꾸는 것이다. 기업이 클수록 바꾸기는 어렵겠지만, 그만큼 바뀌었을 때 사회적인 충격은 크다. 내 비전을 사회에서 실현하는 가장 빠른 길은 대기업에서 출세하여 그 기업의 비전을 바꾸는 것일지도 모르겠다.

가장 유명한 사례로 유니클로를 들 수 있다. 유니클로는 '옷은 옷차림의 부품이다'라는 기업 철학을 바탕으로 대량 생산, 대량 소비의 20세기형 기술로 급성장하여 세계적인 의류 기업이 되었다. 그러나 최근 2년간 빠른 속도로 지속가능성(패션 업계에서의 지속가능성)을 내세우는 기업으로 변모하려 시도하고 있다. 지금까지의 유니클로 행보와는 너무 다른 방향 전환인데, 이처럼 필요에 따라 빠르게 몸을 뒤집을 수 있다는 점이 일본식 대기업의 강점일 수도 있다. 시대가 변하면 기업의 존재 방식도 달라진다. 그것이 어쩌면 일본 사회가 변화한다는 상징이 될 가능성도 있으며, 그 변화의 당사자가 되는 것은 인생을 살아가는 방법으로 삼기에 나쁜 선택은 아니다.

언젠가 연인에게 이런 말을 들은 적이 있다.

"사람이 변할 수 있다는 사실이야말로 사람에게 있어서 가장 큰 희망이다."

말은 인생을 돌파하는

열쇠가 된다

말의 가장 큰 가치는 뭐라고 해도 자신의 인생에 부여된 의미를 바꾸는 힘이다. 인생의 다양한 상황 속에서 말을 잘 사용하여 곤란한 상황을 벗어나거나 힘을 줄 때가 있다.

예를 들어 '리스크'라는 말이 있다.

'회사를 그만두고 싶지만, 리스크가 있으니 그만두기 힘들다', '그 주식을 사는 것은 리스크가 너무 커서 살 수 없다' 등 '리스크'라는 말 자체를 두려워하며 몸을 사리는 사람도 있다.

그러나 '리스크'와 '데인저'는 다른 말이다. 우리 말로 쓰면 '위기'와 '위험'인데, 둘을 나란히 두고 보면 바로 알 수 있다. '위기'라는 말에는 '기회'의 의미가 포함되어 있다. 즉, 리스크(위기)는 컨트롤이 가능한 것이다. 투자의 세계에서는 '위험'이라는 말이 없다. 그것이 위험한지 아닌지는 리스크를 다루는 방식에 따라 달라진다.

리스크는 위기이고, 데인저는 위험이다.

'위험'으로부터는 도망칠 수밖에 없지만, 위기는 '위기관리'라는 말이 있는 것처럼 관리할 수 있다. 회피도 가능하며 데미지를 최소화할 수도 있다.

이런 에피소드가 있다.

햄버거에서 이물질이 나와 맥도날드가 경영 위기를 겪은 적이 있었다. 당시 나는 TBWA하쿠호도에서 브랜딩과 위기 대응 PR을 담당하고 있었다. 맥도날드는 오랜 기간 다른 대형 광고대행사에서

쭉 담당했었는데, 그 이물질 사건 뉴스를 보고 급하게 맥도날드 임원과 약속을 잡았다. 당시 프레젠테이션 풍경이 지금도 생생하다. 화이트보드에 크게 '위기'라고 쓰고, '위험&기회'를 덧붙였다. 그리고 "이는 기업으로서 큰 신뢰를 얻을 기회로 인식해야 한다!"고 이야기했다. 상대방은 '당신들이 우리를 구원할지도 모른다'고 생각했는지 모든 일을 우리에게 맡겼다.

리스크는 컨트롤할 수 있고 관리가 가능한 것이다. 그래서 용기를 가지고 다가가면 기회로 변하기도 한다. 이것이 리스크다. "맹렬히 싸우는 두꺼운 날의 바로 밑이야말로 지옥이며 한발 다가서면 거기는 극락"이라고 과거 검술의 달인은 말했다고 한다.

데인저(위험)로부터는 도망쳐야 한다. 그러나 이것이 리스크(위기)라면 적극적으로 다가가 기회로 바꾸어 쟁취해야 한다. 모든 '위험'한 상황을 '위기'라고 할 수 있는지, 말로 분석하여 정확하게 파악하는 것이 중요하다.

예를 들어 내가 TV 프로그램에 나오는 것은 위험인가? 위기인가? 물론 TV에 나온다고 비판받기도 할 것이다. 그러나 한편으로는 인지도가 높아져서 책이 팔릴지도 모르고, 새로운 일이 들어올지도 모른다.

위험한 것을 위기로 바꾸어 인식할 수 있을까? 이것은 지금처럼 정확하지 않은 시대를 살아가는 데 있어 중요한 것이다. 세계를 인식하는 방법, 현상의 의미를 해석하는 방법, 둘 다 말의 사용 방법일 뿐이다.

비슷한 예로 '위기는 찬스'가 아니라 '위기는 퀴즈'라는 말도 있다. 일본을 대표하는 크리에이티브 디렉터 사사키 히로시의 말이다. 어떤 위기라도 머리를 쓰면 극복할 수 있다. 이 말 한마디를 알아두는 것만으로도 내 인생의 궁지를 재미있게 만들 수 있다. 이를 즐겨주길 바란다.

독립도 '위험'이 아니라 '위기'일 뿐이다

리스크를 다루기 위해서는 그 안에 있는 기회를 정확히 발견하여 관리한다. 이것이 리스크에 대응하는 올바른 방법이다.

내 인생에 있어서 약간의 리스크 이야기를 해보자. 하쿠호도라는 대기업을 나와서 창업하는 것은 일반적으로 위험하다고 말한다. '실패하면 어떡할 거야?'라는 질문을 여러 번 받았다.

그러나 대부분 사람들이 위험하다고 생각하니까 못하는 것인지도 모르지만, 대기업으로부터 독립하는 것은 전형적인 '리스크'다. 절대로 '데인저'는 아니다. 리스크인 이상 관리 수단은 얼마든지 있다. 당연히 성공할 가능성도 실패할 가능성도 있다. 그리고 실패할 가능성을 줄이기 위해서 어떻게든 노력할 수 있다.

위험한 상황을 '이것은 위기다'라고 인식을 바꾼다. 즉, '데인저'인 상황을 '리스크'라고 여기면 예상치 못한 쪽으로 생존 길이 열리기도 한다. 자, 그중에 얼마나 '기회'가 있을지 냉정하게 분석해보면 의외로 많은 기회를 찾을 수 있을 것이다.

이 책의 논점에서는 어긋나지만, 내가 독립하려고 했을 때, 어떻게 '위험'과 '위기'를 분석했는지 이야기하고자 한다.

'광고 업계에서 독립한다'는 리스크 중에는 어떤 기회가 있을까?

오카야스 미치의 '터그보트'나 사토 카시와의 '사무라이'처럼 하쿠호도나 덴츠에서 독립한 50~60대 유명한 크리에이터는 많다. 그러나 지금, 젊은 벤처 기업의 사장도 점점 늘어나고 있는데, 그들이 그러한 거장에게 일을 맡기기는 어렵다. 그러므로 동년배 중에서 독립한 사람이 있으면 그들과 공감을 쌓으며 기회를 만들 수 있겠다고 생각했다.

심지어 스타트업이 조달하는 돈은 지금 버블 상태이다. 젊은 경영자 중에는 대형 광고대행사에는 믿을 수 있는 사람이 없지만, 자신처럼 독립한 젊은 전문가가 있다면 부탁해보고 싶다는 생각이 들수도 있다.

대기업이 하지 않는 소규모 일을 한다는 것도 '기회'다. 우리는 20명으로 구성된 회사이므로 2억 원이라는 수익이 나면 매우 큰 것이다. 그러나 매출이 5조 원인 대기업의 입장에서 보면 2억 원의 수익을 내는 일에는 쉽게 손이 가지 않는다. 아마, 세상에는 우리처럼 작은 회사가 할 수 있는 일이 많이 있을 것이다. 이것도 기회라고 파악했다.

'하쿠호도를 나온다'는 리스크에는 최소한 앞서 예로 든 기회가 있다는 것을 알 수 있다.

그러면 '리스크 헷지', 즉 리스크를 분산시키는 것에 대해서는 어떻게 생각할까?

예를 들면, 고객 획득이라는 측면에서 리스크 헷지로 하쿠호도뿐만 아니라 덴츠 사람을 파트너로 삼는 방법이 있다.

운용자금 측면에서도 100억 원의 매출을 올린다면, 10억 원은 반드시 현금으로 남겨놓는다. 우리 회사는 고정비나 인건비를 포함해서 대체로 매달 2억 5,000만 원 정도를 지출한다. 인원이 늘어나서 월 지출액이 3억 원이 된다고 해도 10억 원이 있으면 3개월은 버틸 수 있다. 3개월이면 분명 다음 일이 들어올 것이다.

또 우리는 독립해서 3년이 지나도 덴츠나 하쿠호도 직원보다 돈을 못 번다면 해산하자는 약속을 했었다. 만약 해산하면, 파트너인 후쿠모토는 방송국 같은 곳에 이직한다. 그렇게 나는 혼자서 GO라는 이름을 등에 업고 후쿠모토에게 계속 발주를 받을 계획을 세웠다. 혼자서는 어떻게든 먹고 살겠지라는 계산이었다.

지금은 연간 매출이 대략 200억 원이 되므로 우리 팀원인 20명이 평화롭고 풍족하게 살아갈 수 있다. 그러나 만약 모두 해고하고 나 혼자가 된다고 해도 연간 30억 원은 벌 수 있지 않을까 생각한다. 만약의 경우에는 덴츠나 하쿠호도에 다시 들어가면 되고, 어느 쪽이든 해고되면 또 다른 쪽에 가면 된다. 광고 업계에서 이리저리 다니며 살아남을 것이다.

우리는 외부에서 자금을 조달하지 않고 전부 자기자본으로 운영하고 있다. 따라서 채용할 때 한동안 '회사가 없어져도 살 수 있는 사람' 외에는 뽑지 않는다. '우리 회사가 망하면 이 사람은 진짜 위험해지겠다' 싶은 사람은 채용하지 않는다. 이것도 리스크 헷지 중 하나다.

'3년이 지나도 자리 잡지 못한다면 해산'이라는 마지노선을 정해 놓고 그 후의 행동도 지침으로 정해놓는다. 그리고 정말로 회사가 위험해진다고 해도, 혼자서 길거리에 나앉을 법한 사람은 채용하지 않음으로써 절대적인 역경에 빠지지 않도록 대비하고 있다. 그렇게 리스크 헷지를 하면 리스크는 기회로 바뀐다.

상당히 이야기가 빗겨나갔는데, '리스크'라는 말을 다시 보면 그 안에 '기회'가 존재한다는 것을 알 수 있다.

말 한마디도 곰곰이 생각해보면 새로운 가치, 숨겨진 의미를 발견할 수 있다. 어떤 불합리한 상황이라도 사고를 멈추지 않고 이를 돌파할 수 있는 열쇠는 없는지 찾아보는 것이 중요하다. 이때, 말은 길을 비추는 빛이며, 벽을 깨부수는 해머가 된다.

"어둠 속에서 **도약하라.**" 겐토샤의 겐죠 토오루 사장의 말이다.

우리가 사라진 뒤

남는 것은 말뿐이다

'말로 표현할 수 없다'는 압도적인 진리다.

말로 표현할 수 없는 것일수록 절대적인 가치가 있다.

감동했을 때의 기억, 피카소의 그림, 멋진 음악, 어떤 이의 손에서 전해지는 따스함, 최고의 요리, 눈물이 나올 것만 같은 풍경처럼 말이다.

말로 표현할 수 없는 것이야말로 가장 중요하다.

단, 현실에서는 말로 표현하지 않으면 전해지지 않는다.

누군가에게 어떤 것을 표현하고 싶고, 공유하고 싶고, 어딘가로 함께 가고 싶다.

그런 소원과도 비슷한 절실한 감정과 함께 사람은 말을 손에 넣었을 것이다.

말로 표현할 수 없는 것은 무한한 것이랄까. 인간의 감정, 세상의 풍요로움을 전하기에는 말은 너무나 단순하고 단조롭다. 그러나 그래도 우리에게는 말밖에 없다.

말로 표현할 수 없는 것을 말로 표현하는 것이 우리가 태어날 때부터 짊어진 사명이다.

'쓴 것', '말한 것', '남긴 것'이 그 사람의 '윤곽'이 된다.

우리가 사라지면 세상에 남는 것은 우리가 남긴 말뿐이다.

매우 단순한 것이다. 물질적인 것은 풍화되어간다. 물질은 바람과 물에 닳고 바래서 언젠가는 반드시 사라진다. 육체가 흙으로 돌아가고, 기억은 사람과 함께 세상을 떠난다.

그러나 말은 사람이 살아가면서 전승되는 한 사라지지 않는다. 그러므로 사람이 미래에 영원히 남길 수 있는 것은 말밖에 없다고 해도 좋다. 계속 변화하는 시간 속에서 말만 풍화되지 않는다.

강력한 말은 미래에 남아 이 별의 역사의 일부가 된다.

"신은 죽었다"는 말은 니체가 말하고 전승되어 온 것이다.

'자본주의'라는 개념도 그 개념이 탄생하고 수백 년간 계속 남아있다. 앞으로도 몇천 년이나 남아있을지도 모른다.

인간의 사상이나 사고, 즉 말이라는 것은 거리와 시간도 쉽게 초월한다.

그리스도는 죽었고, 석가모니도 죽었다. 그러나 기독교는 죽지 않았고, 불교도 끝나지 않았다. 오히려 그들이 죽은 후 그 사상과 사고방식은 더욱 널리 퍼졌다.

말은 계속 변화하는 시대의 단 하나, 그 가치가 변하지 않는 최강의 무기다.

당신이 살아가는 한 계속 그리고 당신이 이 세상을 떠난 후에도 그 가치는 변하지 않는다.

그리고 이 무기를 당신은 이미 손에 쥐고 있다.

그러므로 이제 당신은 괜찮다.

앞으로, 앞으로 계속 나아갈 수 있다.

원하는 내가 될 수 있다.

당신이 원한다면 말이다.

이 말을 믿어주었으면 한다.

이로써 당신의 인생이 시작될 것이다.

마치며

아마도 이미 눈치 챘을 수도 있지만, 이 책은 당신을 위해 썼다.

당신이 지금 어디서 무엇을 하고 있는지, 이 책을 쓰고 있는 나는 안타깝지만 알 길이 없다.

이 책을 서점에서 서서 읽고 있는가? 도서관에서 대충 훑어보고 있는가? 아니면 친구 집에 놓여있는 것을 우연히 홀렁홀렁 넘기며 보고 있는가?

어떤 경우든 좋다. 당신이 이제야 이 책을 손으로 집어 든 것이 중요하다.

나에게, 이 책에게, 당신에게, 그리고 어쩌면 세상에게, 엄청난 기적일지도 모른다.

이 책이 주제로 삼고 있는 것은 '말'이다. 말에 대한 책은 썩어 넘쳐날 정도로 많다. 흔해 빠졌다. 기술은 얼마든지 배울 수 있다. 그러나 내가 당신에게 꼭 전하고 싶었던 것은 말 사용법 단 하나이며, 인생은 얼마든지 바뀔 수 있다는 것이었다. 그리고 세상을 바꾸는 혁명도 이를 위한 강력한 말이 없으면 시작되지 않았다는 것이다.

나는 열한 살 때, 이타바시에 있는 단지에서 가난한 집의 아들로서 살아야 함에 절망했다.

나는 열일곱 살 때, 구단시타에 있는 고등학교에서 소설가의 재능이 없다는 사실에 절망했다.

나는 스물두 살 때, 하쿠호도 사무실에서 크리에이터로 살아갈 수 없음에 절망했다.

나는 스물네 살 때, 설날에 리우데자네이루에서 8년간 사귀었던 연인과 마지막까지 서로 이해할 수 없었음에 절망했다.

나는 서른 살 때, 아자부주반에 있는 맨션에서 인터넷상으로 불특정 다수의 사람으로부터 끝없는 비판을 받는데 답할 기회조차 없음에 절망했다.

이러한 수많은 절망의 순간을 극복하고 나는 지금도 이렇게 원고를 쓰고 있다. 잘 팔리면 좋겠다고 은근히 기대하면서. 그리고 당신에게 반드시 닿을 것이라고 기도와 비슷한 확신을 하면서 말이다.

이렇게 아직 어떻게든 살아남아 버티고 속수무책인 자신을 믿으며 망할 세상을 어떻게든 해보려고 끊임없이 싸우며 있을 수 있는 것은, 몇 가지 사랑스러운 말이 내 엉덩이를 토닥이고, 나의 눈물을 닦아주며, 나에게 힘을 주기 때문이다.

나는 분명히 말로 구원받고 말로 싸우며 살았다. 그러므로 언제나 항상 머리를 싸매고, 등을 굽히고, 무릎을 떨면서, 그렇게 무리하면서 인생을 살아가는 당신에게 말이라는 무기의 사용법을 가르쳐주고 싶었다. 쓸데없는 참견일지도 모른다. 자기만족일지도 모른다. 그래도 이것이 내가 말에 은혜를 갚는 일이며, 말로 구원받는 사람을 늘리는 것이 나의 이 망할 세계에 할 수 있는 복수, 아니 감사의 선언이기도 하다.

당신은 지금 어디에 있는가? 말은 어려운 것이다. 그래도 간단하다. 누가 뭐라고 한들 이미 당신은 말을 가지고 있으니까.

당신이 앞으로 이 책에 쓰여 있는 것을 활용하여 자신의 인생을 즐길 수 있을 것인가? 자신이 되고 싶은 모습으로 바뀔 수 있을 것인가? 내가 그 답을 알기는 매우 어렵다. 언제나 결론을 내기에는 아직 이르다. 그렇지만 분명 잘될 거다. 그렇게 믿는다.

언제나 '비관주의는 기분에 따른 것이며, 낙관주의는 의지에 따른 것'이라니 말이다.

또 만나자.

그리고 마지막으로 나에게 말의 힘을 준 모든 사람과 작품에 감사의 인사를 말하고 싶다. 우리는 패밀리다.

미우라 타카히로